MW00424591

BREVIARIOS

del

Fondo de Cultura Económica

575

Mercedes de la Garza

El legado escrito de los mayas

Primera edición, 2012

De la Garza, Mercedes
    El legado escrito de los mayas / Mercedes de la Garza. – México : FCE, 2012
    158 p. : ilus. ; 17 × 11 cm – (Colec. Breviarios ; 575)
    ISBN 978-607-16-1004-1

    1. Literatura maya – Traducciones al español, I. Ser. II. t.

LC PM3968.5   Dewey 082.1 B846 V. 575

Distribución mundial

Diseño de portada: Laura Esponda Aguilar

D. R. © 2012, Fondo de Cultura Económica
Carretera Picacho-Ajusco, 227; 14738 México, D. F.
Empresa certificada ISO 9001:2008

Comentarios: editorial@fondodeculturaeconomica.com
www.fondodeculturaeconomica.com
Tel. (55) 5227-4672; fax (55) 5227-4640

ISBN 978-607-16-1004-1

Impreso en México • *Printed in Mexico*

ÍNDICE

PRÓLOGO

> Ellos hablan con sus propias palabras y así acaso
> no todo se entienda de su significado; pero de-
> rechamente, tal como pasó todo, así está escrito.
> *Chilam Balam de Chumayel,*
> "Libro de los linajes"

Ignorados en diversos archivos de América y Europa, permanecieron durante varios siglos los textos escritos después de la
conquista española, en lenguas mayas y caracteres latinos, que
constituyen una de las más importantes manifestaciones del
pensamiento, la forma de vida y la capacidad literaria de los
hombres mayas. Estos textos, aunados a cientos de inscripciones jeroglíficas halladas en las antiguas ciudades mayas y tres
códices prehispánicos que milagrosamente se conservaron,
constituyen el legado escrito de los pueblos mayas.

A partir de la segunda mitad del siglo XIX, gracias al interés de algunos estudiosos, los escritos coloniales empezaron
a ser traducidos y divulgados. Pero no fue sino hasta el siglo
XX cuando se inició el estudio científico de los documentos
mayas, los cuales pasaron así a ser considerados ya no sólo
un vestigio bello y misterioso de una lejana cultura, sino
también una fuente de primera importancia para el conocimiento tanto de la civilización maya prehispánica como de
la actitud y visión de los hombres mayas ante la Conquista
y la colonización españolas.

Contamos, de este modo, con diversas traducciones y estu-

dios críticos de los principales textos conocidos, muchos de los
cuales han sido publicados tanto en México como en otros
países. Este trabajo constituye un intento de sistematización y
análisis general de la literatura maya colonial, situada en su
contexto histórico, con el objeto de dar una visión de conjunto
del afán expresivo y la sensibilidad poética del pueblo maya.
Mi criterio básico ha sido que en este libro esté contemplada
no sólo la creación literaria procedente de todo el territorio
maya, sino además considerar la diversidad de textos que ellos
elaboraron. Espero que este acercamiento contribuya al entendimiento y a la necesaria difusión de esta rica expresión cultural, perteneciente a una de las más notables civilizaciones de la
América prehispánica.

I. UNA ANTIGUA CIVILIZACIÓN
SE DEVELA ANTE LA MIRADA EUROPEA

CUANDO los conquistadores españoles arribaron a las tierras mayas, en el siglo XVI, monumentales edificaciones de una original y grandiosa civilización, así como sus insólitos creadores, cobraron ser para la cultura occidental, produciendo un impacto que ha pervivido a lo largo de estos siglos. Los vestigios de grandes ciudades abandonadas en la cálida península de Yucatán impactaron a los invasores, a la vez que se enfrentaban a los indígenas mayas y se iniciaba la dura y despiadada obra de cristianización, sometimiento y marginación de los hombres mesoamericanos.

Muy lejos de ahí, entre los volcanes y bosques de las tierras altas de Guatemala y las montañas de Chiapas, los quichés, cakchiqueles, tzutuhiles, tzeltales, tzotziles y otros grupos mayas fueron subyugados por los conquistadores pocos años después de la caída de Tenochtitlan en el Altiplano Central de México.

Entre una y otra regiones se extiende una espesa y húmeda selva tropical donde, en el momento de la Conquista, habitaban los itzáes y los lacandones, etnias mayas que permanecerían libres hasta finales del siglo XVII, por lo que serían los últimos indígenas mesoamericanos sometidos a la corona española.

Hasta el siglo XVIII nadie había relacionado entre sí a todos esos indígenas, pues se ubicaban en lugares muy separados, tenían costumbres diversas y hablaban distintas lenguas. Sólo se sabía que los mayas yucatecos eran los descendientes de los constructores de las ciudades del norte de la península, Chichén Itzá, Ek'Balam, Uxmal, Mayapán y otras.

Algunos exploradores habían encontrado vestigios de ocupación humana en las selvas de la región central, pero ello no había despertado mayor interés, hasta que, hacia mediados del siglo XVIII, dos centurias después de la llegada de los españoles, una extraña y espectacular ciudad en ruinas se manifestó ante la sorprendida mirada de Occidente. Nadie sabía nada de ella y muy pocos la asociaron con los indígenas ch'oles, tzeltales y lacandones que vivían en los alrededores, quienes sin duda la conocían, pero para los cuales la liga con su pasado se había roto desde mucho tiempo atrás.

Esa gran ciudad, cuyo nombre maya original fue Lakamha', había sido llamada en el siglo XVI Palenque, "lugar de las casas amuralladas", y cerca de ella el fraile dominico Pedro Lorenzo de la Nada había fundado un poblado con el mismo nombre, pero a nadie le interesó mayormente el sitio, hasta el siglo XVIII, cuando algunos españoles, ligados con los prelados de la región, visitaron las ruinas y dieron a conocer su existencia a las autoridades civiles; de este modo se iniciaron las expediciones oficiales a la gran ciudad. A los pocos años, Palenque había despertado el interés y fascinación del mundo occidental por su magnificencia y su ubicación. Surgieron entonces muy diversas hipótesis interpretativas sobre la ciudad y sus constructores que la investigación científica ha ido desechando, como la de su supuesto origen europeo o asiático.

Sin embargo, también hubo quienes asociaron Palenque con otras ciudades abandonadas en la región central, como Copán en Honduras, y con las ruinas conocidas de la península de Yucatán. Así, desde el siglo XVIII los diversos grupos indígenas empezaron a ser relacionados entre sí y con los restos materiales de un remoto pasado, vestigios silenciosos de sus grandes antecesores.

Al tiempo que todo esto ocurría, por azar o por el interés de algunos estudiosos, se descubrían en los archivos de América y de España valiosos documentos acerca de los indígenas redactados por españoles desde el siglo XVI, así como textos escritos por los mayas en sus propias lenguas, pero con el alfabeto latino, en los inicios de la colonización. Estos textos, que pronto empezaron a ser estudiados y traducidos, pasaron a constituir, al lado de los despojos de las viejas ciudades, las fuentes principales para el conocimiento de los antiguos mayas; los documentos españoles contienen valiosa información acerca del pasado indígena prehispánico, ya que muchos de sus autores se apoyaron en informantes indígenas y, además, presenciaron las manifestaciones de esa cultura tan ajena a ellos, al mismo tiempo que la invalidaban y destruían, mientras que los textos indígenas revelan datos esenciales de la antigua cultura maya, como mitos e historias copiados de los códices jeroglíficos, y a la vez registran acontecimientos y valoraciones contemporáneos a su creación.

Un largo camino de investigación acerca de este gran pueblo se ha desarrollado desde el siglo XVIII. La ciencia ha ido despejando los misterios sobre la gran civilización maya, una de las más notables de la Antigüedad, por lo que hoy sabemos mucho más de ella; los avances en el desciframiento de la escritura jeroglífica maya han sido muy grandes y las demás disciplinas desde las que se estudia a los mayas han tenido también un notable desarrollo. Pero todo eso no significa que la civilización maya haya abandonado las regiones del misterio, y que en el futuro no se desechen muchas de nuestras interpretaciones, como nosotros lo hemos hecho con algunas de los siglos XVIII, XIX y XX.

II. TRAYECTORIA HISTÓRICA
DE LOS MAYAS

De acuerdo con el estado actual de la investigación mayista, sabemos que los pueblos mayas prehispánicos crearon una asombrosa cultura asentados en una vasta región que comprende los actuales estados mexicanos de Yucatán, Campeche, Quintana Roo y parte de Chiapas; Guatemala, Belice y porciones de Honduras y de El Salvador. Esa gran área tiene una riqueza y variedad geográfica extraordinarias, que influyó notablemente en la cultura.

Los mayas son un conjunto de etnias con diferentes lenguas, costumbres y trayectoria histórica, pero todas ellas comparten determinadas características que nos permiten considerarlas una sola cultura. El desarrollo histórico prehispánico de los mayas abarca aproximadamente del siglo XVIII a.C. al siglo XVI d.C., es decir, alrededor de 3 400 años.

En el periodo más antiguo, denominado por la investigación científica Preclásico (*ca.* 1800 a.C.-250 d.C.), surgió en la costa del Golfo de México la primera gran civilización de Mesoamérica, la olmeca, considerada una "cultura madre" por su alto desarrollo y su expansión hasta sitios tan alejados como los actuales estados de Guerrero y Morelos. Pero entre 1200 y 500 a.C. en el área maya ya había asentamientos humanos que fabricaban objetos de cerámica, como vasijas y figurillas.

Durante todo el Preclásico, en el área maya se fueron definiendo los rasgos que darían su carácter propio a esta

cultura, con diversas influencias de otros grupos mesoamericanos, como los olmecas, los mixe-zoques y los creadores
de la cultura de Izapa, en la porción sur de la propia área
maya. La agricultura se constituyó en el fundamento económico, con la aparición de algunas formas de regadío,
aunque los cultivos dependieron sobre todo de las lluvias.
Los principales productos fueron el maíz, el frijol, la calaba-
za y el chile.

Alrededor de 500 a.C., los mayas de las tierras bajas sel-
váticas establecieron sus primeras ciudades con espectacula-
res plataformas para templos decoradas con extraordinarias
pinturas murales, como San Bartolo, y con mascarones de
deidades en estuco, como Nakbé y Mirador (en Guatemala);
esta última ciudad, de enormes dimensiones y situada en el
Petén guatemalteco, floreció entre 150 a.C. y 150 d.C.

En la región sur del área maya surgieron los rasgos culturales que caracterizarían al periodo siguiente: registro de
fechas, inscripciones jeroglíficas y retratos de personajes históricos, en sitios como Izapa, Kaminaljuyú, El Baúl, Cho-
colá y Tak'alik Ab'aj. Entre los textos y registros cronológicos más antiguos se pueden mencionar la Estela 1 de El
Portón, Guatemala (400 a.C.), y los murales de San Bartolo, Guatemala (300 a.C.). En Izapa, aunque tal vez no haya
sido un sitio maya, se localizan las primeras imágenes de las
deidades, los símbolos y los ritos mayas en un extraordinario conjunto de estelas esculpidas. Finalmente, hacia finales
del periodo ya se habían consolidado ciudades como Kaminaljuyú, Uaxactún y Tikal en Guatemala; Nohmul, Lamanai, Cuello y Cerros en Belice, y Calakmul y Dzibilchaltún
en México.

Durante el siglo III d.C. se inicia una época de floreci-
miento en todos los órdenes, llamada por ello periodo Clá-

sico, que culmina en el siglo IX. En primer lugar se produjo un gran desarrollo de la agricultura con sistemas de riego y cultivos comerciales, como el del cacao y el algodón. Se incrementaron las relaciones con otros pueblos de Mesoamérica como los teotihuacanos, creadores de la primera gran ciudad del Altiplano Central de México. Hubo un aumento en la tecnología y se consolidó una organización política estrechamente vinculada con la religión, que ya para este momento presenta un alto grado de complejidad.

En el periodo Clásico prosperan numerosos asentamientos humanos que se convirtieron en verdaderas ciudades, porque además de edificios destinados al culto religioso, hay construcciones dedicadas a actividades políticas y administrativas, numerosas casas habitación, calzadas, mercados, plazas y otras que revelan una consolidada estructura de poder religioso y civil. Numerosas ciudades se enfrentaron entre sí en busca de poderío, riqueza y expansión de su territorio, o bien para preservar su autonomía, pero nunca llegaron a formar una sola unidad política; en el periodo Clásico hubo más de 60 reinos, cada uno de los cuales era gobernado por un *K'uhul ahaw,* "Señor sagrado", es decir, un gobernante con atributos divinos otorgados por los dioses y por sus propios ritos iniciáticos, y el poder de ese gran señor no fue solamente político o guerrero, sino fundamentalmente religioso, como en muchos otros pueblos antiguos.

Entre las múltiples ciudades que florecieron en este periodo podemos destacar Kaminaljuyú, Tikal, Uaxactún, Piedras Negras y Quiriguá (en Guatemala), Lamanai y Caracol (en Belice), Copán (en Honduras), Palenque, Yaxchilán, Toniná, Bonampak, Calakmul (en México, área maya central), así como Dzibanché, Edzná, Becán, Río Bec, Jaina, Uxmal, Kabah, Sayil, Ek' Balam, Xcambó (puerto comercial) y la Chichén Itzá clásica (en la porción norte de la península de Yucatán).

Al mismo tiempo se desplegó, sobre todo en la región central, la profunda creatividad espiritual que ha dado a los mayas un lugar excepcional en la historia de la humanidad: la escritura se desarrolla hasta convertirse en la más avanzada de América, despuntan la matemática, la astronomía y la cronología, conocimientos que podemos llamar "científicos", desde la idea occidental de ciencia, pero que para ellos fueron una forma de conocer y manejar las energías sagradas emanadas principalmente de los astros, los cuales fueron concebidos como seres divinos o como epifanías de lo sagrado; pero esos conocimientos también constituyeron una forma de consolidar el derecho de los linajes ilustres a gobernar y mantener su dominio sobre el pueblo.

También en el periodo Clásico se creó un gran arte plástico y arquitectónico, que se caracteriza por una notable libertad creadora; ella se aprecia en una gran variedad de estilos en las distintas regiones, los cuales conservan, sin embargo, el carácter maya que los distingue del arte de otros pueblos mesoamericanos. Y destaca un notable interés por el ser humano y su peculiar situación en el mundo, que además de expresarse en vívidas y realistas representaciones humanas en la escultura, está presente en la aparición de la historiografía, o sea, de textos que registran la historia de los grandes linajes gobernantes; esta historia se presenta entrelazada con una compleja mitología y un riguroso ritual, pues para ellos lo que nosotros llamamos mito no es sino parte de su historia. De la historiografía desarrollada en diversas ciudades destaca la de Palenque, que es la más completa descifrada hasta ahora. Dichas creaciones, que nos permiten hablar de un "humanismo" maya, son excepcionales en el mundo mesoamericano.

En relación con la religión, se veneró a energías sagradas invisibles e intangibles relacionadas con las fuerzas naturales y con diversos animales, que constituían manifestaciones de dichas energías, y múltiples fueron las prácticas rituales dedicadas a venerar y alimentar a esos seres sagrados. Las fuentes escritas coloniales y los textos jeroglíficos descifrados hablan de una compleja jerarquía sacerdotal, que en el periodo Clásico estuvo encabezada por el gobernante, el K'uhul ahaw ("Señor divino") que se representa en las obras plásticas con sus atributos de poder político, guerrero y religioso.

Sin embargo, el extraordinario mundo de los mayas clásicos del área central terminó con una gran caída. A principios del siglo X cesaron las actividades políticas y culturales en las grandes ciudades; las dinastías reinantes huyeron, la población disminuyó significativamente y las majestuosas ciudades fueron paulatinamente abandonadas y desaparecieron bajo la espesa selva. A este fenómeno se le ha llamado Colapso Maya. La última fecha registrada con el sistema de Cuenta Larga es 909 d.C. en la ciudad de Toniná.

Existen varias hipótesis acerca de las causas del colapso, entre las que se mencionan una gran sobrepoblación, crisis agrícolas, ruptura del equilibrio ecológico, hambrunas y desnutrición, que pudieron acarrear graves conflictos políticos dentro de las ciudades o los Estados mismos, y entre unos y otros.

Al periodo que va de 900 d.C. a 1524 d.C., fecha de la caída de la capital del imperio quiché, Gumarcah, después de la cual es conquistada de manera paulatina toda el área maya hasta la conquista de Ta Itzá en 1697, se le conoce como periodo Posclásico. Los principales acontecimientos de este periodo fueron recogidos en los textos indígenas y españoles escritos en los primeros momentos de la colonización, que han apoyado a las investigaciones arqueológicas, por lo que conocemos mejor su historia.

A grandes rasgos, podemos decir que en el Posclásico, contrariamente a lo que ocurre en el área central, donde no volverá a florecer nunca la cultura maya, en las regiones norte y sur (norte de la península de Yucatán y tierras altas de Guatemala), no sólo no son abandonadas las ciudades, sino que se producen profundos cambios influidos por la llegada de diversos grupos de otras regiones de Mesoamérica, como el Altiplano Central y la costa del Golfo de México; esos grupos conquistan algunos sitios, entre ellos Chichén Itzá (ciudad fundada al parecer por la etnia itzá); más tarde surgen Mayapán (gobernada por el linaje de los cocomes) y otras ciudades.

Durante el Posclásico se intensifican los contactos con diversos pueblos, el comercio adquiere una función central en la vida maya y se crean emporios comerciales como el de los chontales o putunes procedentes de la costa del Golfo de México. Asimismo, se secularizan muchas actividades, debido tal vez a la predominancia de los intereses pragmáticos. Se desarrollan importantes ciudades dedicadas al comercio en la costa norte de la península de Yucatán, como Xcambó, así como varias ciudades fortificadas en la costa de Quintana Roo, entre las que destaca Tulum. En Guatemala florecen Gumarcah, capital de los quichés, e Iximché, capital de los cakchiqueles.

Como consecuencia de las migraciones, se introducen nuevos dioses y cultos; disminuye el cultivo de la ciencia, surgen nuevos estilos artísticos y se da un gran auge reflejado sobre todo en la ciudad de Chichén Itzá, que fue ocupada por los toltecas del Altiplano Central y cuyo cenote sagrado fue uno de los grandes centros de peregrinación a donde acudían grupos de toda el área maya.

Después de diversas luchas por el poder, hacia el año 1200 d.C., Chichén Itzá y otras importantes ciudades del norte de la península de Yucatán son conquistadas por Mayapán, gobernada por el linaje de los cocomes, centro que dominará la región hasta su caída en 1441. Asientan los textos —y concuerdan con ellos los datos de la arqueología— que la ciudad fue incendiada y los miembros de la dinastía gobernante fueron aniquilados, salvo un personaje que en ese momento estaba en Honduras. Después de ese acontecimiento, las principales ciudades fueron abandonadas y se fundaron nuevos asentamientos que constituyeron las "provincias" halladas por los españoles.

Según Tsubasa Okoshi Harada y Sergio Quezada, los mayas yucatecos llamaban a las entidades políticas *cuchcabal,* hacia finales del periodo Posclásico. Estas entidades eran los señoríos o *batabiloob,* que mantenían una relación de dependencia con un gran señor o *Halach Uinic.* R. M. Hill, en su Prólogo a *Kaqchikel Chronicles* de Judith Maxwell, asienta que entre los cakchiqueles la unidad política básica era el *chinamit,* territorio gobernado por un individuo de familia aristocrática y los que trabajaban las tierras. Dos o más chinamits se confederaban en un *amaq',* y la alianza o confederación de varios *amaq'* formaba un *winaq,* equivalente a una nación. Los cakchiqueles fueron un *amaq',* que vino de un *chinamit:* los Xajil, que escribieron la *Crónica Xajil* en la época colonial.

En cuanto a la historia posclásica de las tierras altas, en el sur del área maya, está también registrada la llegada de grupos de extranjeros, sobre todo de habla náhuatl, que modificaron el proceso histórico. Los quichés, quienes narraron su historia en diversos textos después de la conquista española, crearon un poderoso Estado militar que sojuzgó a las otras etnias, como los cakchiqueles y los tzutuhiles. Tuvieron también un intenso contacto con los mexicas del Altiplano Central, a quienes rendían tributo, y a la llegada de los españoles, comandados por Pedro de Alvarado, su ciudad, llamada Gumarcah (Utatlán en náhuatl), tuvo un fin violento en 1524, a sólo tres años de la conquista de la gran capital mexica Tenochtitlan.

Entre 1527 y 1546 se realizó la conquista paulatina de cada una de las provincias (cuchcabal) de la península de Yucatán, en la que Francisco de Montejo, su hijo y su sobrino, del mismo nombre ambos, fueron los protagonistas principales. A finales del siglo XVII, en 1695, fue exterminada por los españoles la etnia lacandona en la selva del mismo nombre, después de un proceso largo y dramático iniciado en 1530; se trató de un etnocidio, como afirma Jan de Vos, ya que la mayoría de los llamados lacandones que habitan hoy esa región no desciende de aquéllos, sino que proviene de un grupo de mayas yucatecos que se internó posteriormente en la selva huyendo del dominio español.

Dos años después, en 1697, cae el que al parecer fue el último baluarte indígena de la Mesoamérica prehispánica: la ciudad de Ta Itzá, llamada por los españoles Tayasal, que era gobernada por la familia Canek del linaje de los itzáes, quienes habían huido a esas regiones desde Chichén Itzá. Ta Itzá se ubicaba en las márgenes del lago Petén Itzá en Guatemala, y conservaba las creencias y costumbres prehispánicas, en impactante contraste con la Nueva España, donde en ese momento despuntaba el pensamiento de una nueva nación, con el brillo de sor Juana Inés de la Cruz y Juan Ruiz de Alarcón.

Durante la Colonia, con la imposición violenta de la civilización occidental, la historia de los mayas sufrió un cambio radical; los sobrevivientes de los creadores de una de las grandes civilizaciones originales del continente americano quedaron humillados, marginados y esclavizados en sus propios territorios. La condena y abolición de sus prácticas religiosas, la reorganización territorial y el sistema de encomiendas que implantaron los españoles, así como la carga de los tributos y las nuevas enfermedades que diezmaron a la población, causaron además un gran aislamiento de las comunidades indígenas que no existía en la época prehispánica. Al perder el contacto con otras etnias, se acentuó la diferenciación de los grupos mayas, que aunque siguieron hablando sus lenguas, adquirieron nuevas identidades; aunque continuaron manteniendo vivas sus tradiciones, las resignificaron constantemente.

Pero en medio de esta inimaginable destrucción los grupos mayas han continuado luchando por conservar sus tierras y mantener su identidad; la rebeldía constante ante la opresión, que se expresa en múltiples levantamientos armados, como los de 1712 y 1867 en Chiapas, y la Guerra de Castas en la península de Yucatán, no se ha perdido nunca. Y uno de los fenómenos más impactantes fue la recuperación de la memoria de su pasado a través de la palabra escrita, que se inició desde el mismo siglo de la conquista española.

III. LA VOCACIÓN DE ESCRIBIR

ENTRE los extraordinarios vestigios materiales que se conservan de los mayas prehispánicos hay un gran número de textos, escritos en caracteres jeroglíficos. Estos textos se hallan en monumentos de piedra, como los monolitos denominados estelas, en tableros, muros, altares, tronos y dinteles; también escribieron en obras modeladas en estuco, en dinteles de madera, en cerámica, en piezas de ornato de jade, hueso y concha; y asimismo realizaron códices de papel de amate (*ámatl,* en náhuatl). Todos estos textos constituyen la expresión gráfica de la historia, conocimientos, ideas y sentimientos de los mayas prehispánicos.

Aunque los orígenes de la escritura jeroglífica y del calendario de los mayas no son claros, es indiscutible que fueron los mayas quienes los desarrollaron hasta sus más altos niveles. Todos estos logros se conocen gracias a la labor pionera de muchos investigadores, como Ernst Förstemann (1822-1906), que logró descifrar el sistema aritmético y el calendario, así como la forma de leer los textos.

EL DESCIFRAMIENTO DE LOS TEXTOS
HISTÓRICOS PREHISPÁNICOS

La imagen científica que se tenía de los mayas hasta 1958 era la de un pueblo extraordinario, que se distinguió por su arquitectura, llena de dinamismo, libertad e imaginación creadora; por sus relieves en piedra y en estuco, y por sus cálculos cronológicos y astronómicos, los más avanzados entre las culturas antiguas, que reflejan una actitud que rebasa las meras finalidades prácticas que mueven a otros pueblos.

Los mayas se veían como grandes artistas y como sacerdotes entregados al conocimiento de lo divino y del devenir cósmico, como sabios despreocupados por las cosas prosaicas y materiales de la vida; el pueblo maya era tan elevado espiritualmente que ignoraba las guerras y los sacrificios sangrientos; constituían una comunidad de filósofos y astrónomos, "científicos puros", con los ojos puestos en el cielo, y sólo como algo secundario, ocupados en el conocimiento de los factores que afectaban la vida humana material. Se pensaba que las impresionantes ruinas no eran ciudades, sino centros ceremoniales dedicados exclusivamente a los ritos, y que la población vivía dispersa en los alrededores. Y sobre las inscripciones, Eric Thompson decía en su obra *Grandeza y decadencia de la civilización maya:* "Hasta donde llega nuestro conocimiento, los monumentos mayas con inscripciones tratan exclusivamente del paso del tiempo, de datos sobre la Luna y el planeta Venus, de cálculos calendáricos y asuntos sobre los dioses y los rituales implícitos en esos temas".

Según tal modo de valoración de la realidad cultural maya, con base en la lectura de las fechas y los glifos identificados en las inscripciones hasta ese momento, que hablaban de los dioses, los astros y el tiempo, no había en este pueblo un interés por el hombre, como individuo, ni por la comunidad histórica, o sea, por los hechos humanos en el devenir.

Las representaciones humanas en el arte se interpretaban como deidades antropomorfizadas o como prototipos del sacerdote, e incluso, los textos indígenas posteriores a la Conquista, escritos en lenguas mayas y caracteres latinos, que mencionan acontecimientos del pasado, fueron considerados meras predicciones astrológicas y no un afán por conservar el recuerdo del ayer.

Sin embargo, las inscripciones mayas se dieron en el marco de un señalado humanismo en el arte y de una asombrosa sistematización del tiempo, basada en un concepto cíclico, que fue llamada por Eric Thompson "filosofía del tiempo", considerándola como lo medular de esa cultura. Ello abrió la interrogante de si puede haber una apreciación y valoración tan notables de los seres humanos, una conciencia tan clara de la temporalidad y un registro tan sistemático del devenir sin una conciencia histórica.

Y efectivamente, esta imagen de una sabiduría que ignora la importancia de lo humano respondía a una visión parcial, ya que, aunque el descifre de la escritura maya había avanzado muy poco, se contaba con numerosos testimonios en las fuentes escritas coloniales de que los mayas sí se preocuparon por conservar la memoria del pasado, y estos testimonios, o no se conocían por quienes no hablaban español ni lenguas mayas, o habían sido menospreciados por no ser prehispánicos.

Ahora, esos valiosos textos coloniales pueden ser revalorados a la luz de la investigación epigráfica y su significado puede, a su vez, revelar y esclarecer la concepción de la historia como devenir humano que tuvieron los mayas prehispánicos.

En la primera mitad del siglo xx se pensaba que la escritura no correspondía a un lenguaje hablado, sino que era un sistema de signos que todos los mayas podían identificar.

Hasta que el epigrafista ruso Yuri Knorózov, basándose en un falso alfabeto recogido por fray Diego de Landa en el siglo XVI, donde relacionaba jeroglíficos con cada letra del alfabeto latino, y analizando cuidadosamente los textos de los códices, en correlación con palabras en maya yucateco, consiguió demostrar la existencia de caracteres silábicos en la escritura maya. Así, el "alfabeto" de Landa resultó ser más bien un silabario. Ésta fue la base para un camino de desciframiento que han seguido muchos epigrafistas a nivel mundial.

El descubrimiento de la historiografía contenida en las inscripciones jeroglíficas del periodo Clásico se debe al cauce que dieron a la investigación epigráfica el alemán Heinrich Berlin y la norteamericana Tatiana Proskouriakoff a partir de 1958. Con el propósito de buscar datos históricos en las inscripciones mayas Heinrich Berlin descubrió que hay un glifo ligado estrechamente a cada ciudad maya, y le llamó Glifo Emblema. El mismo autor halló glifos en el sarcófago del gobernante K'inich Janahb' Pakal que interpretó como nombres de personas.

Por su parte, Alberto Ruz Lhuillier, descubridor de la sepultura de Pakal, en el Templo de las Inscripciones de la ciudad de Palenque, Chiapas, la más extraordinaria hallada en Mesoamérica, realizó una lectura de la inscripción jeroglífica que rodea la lápida y llegó a la conclusión de que era una inscripción histórica acerca de la vida de Pakal. El arqueólogo afirmó en la "Presentación" a mi libro *La conciencia histórica de los antiguos mayas* (1974): "Las referencias al tiempo en las inscripciones mayas sólo forman el marco cronológico de los datos históricos ahí consignados".

Y Tatiana Proskouriakoff, norteamericana de origen ruso, con la idea de hallar el contenido histórico de las inscripciones realizó investigaciones en Piedras Negras y en Yaxchilán, y llegó a sorprendentes conclusiones, las cuales abrieron un nuevo camino de interpretación de las inscripciones mayas. En Piedras Negras halló que hay conjuntos de estelas relacionadas entre sí y con el edificio frente al que están colocadas, y por el análisis de las fechas y los glifos que las acompañan concluyó que cada grupo registra la vida de un personaje. Después, Proskouriakoff analizó las inscripciones de Yaxchilán y halló también registros sobre el nacimiento, ascenso al trono y hechos sobresalientes de dos gobernantes, a los que llamó, por sus glifos nominales, Pájaro-Jaguar y Escudo-Jaguar. Otro pionero de las investigaciones epigráficas sobre la historia de los mayas fue David Kelley, quien realizó investigaciones en Quiriguá, donde halló un modelo de inscripción histórica semejante al de Piedras Negras.

De este modo, la imagen idealizada que se tenía de los mayas empezó a ser desmentida por la investigación científica. Las investigaciones epigráficas mostraron que las figuras esculpidas en las estelas y dinteles no sólo eran sacerdotes, sino también gobernantes, sus esposas, personajes secundarios y cautivos, y que las inscripciones incluían tanto la celebración de rituales como biografías de los mandatarios, sus nombres e incluso nombres de los cautivos. Por su parte, las investigaciones de los arqueólogos y la elaboración de croquis y mapas revelaron que lejos de ser lugares vacíos, destinados sólo al culto religioso, las ruinas fueron el núcleo de grandes ciudades que albergaron a miles de seres humanos.

Todo esto significa que aquellos sacerdotes-astrónomos mayas, lejos de ignorar su propio pasado como comunidad, se preocuparon simultáneamente del devenir cósmico y del devenir humano, dentro de un contexto peculiar de creencias que los distingue como una cultura original.

Gracias a la labor conjunta de muchos epigrafistas que

siguieron la llamada "corriente histórica" del descifre, como Floyd Lounsbury, Linda Schele, Peter Mathews, David Stuart, Stephen Houston, Simon Martin, Nikolai Grube, Alfonso Lacadena, Gillermo Bernal, Erik Velásquez, etc., hoy sabemos que el sistema de escritura fue perfeccionado en el Preclásico tardío por las comunidades de habla cholana, uno de los principales grupos lingüísticos de los mayas que se hablaba en las tierras bajas centrales. Y aunque la escritura fue adoptada por los otros grupos mayas, se conservó esa lengua, denominada hoy choltiano clásico o maya jeroglífico (cercana al choltí de la época colonial, hoy extinto, y al chortí moderno), como una especie de lengua franca, lengua oficial de prestigio o lengua ritual, que fue empleada por todos los grupos mayas. Por eso, las lecturas que hoy hacen los epigrafistas se escriben en una reconstrucción de dicha lengua. Sin embargo, es posible que la escritura también haya utilizado alguna otra lengua del altiplano guatemalteco.

Se ha confirmado que la escritura maya es la más desarrollada de la América prehispánica. Usa signos llamados logogramas para expresar palabras completas, mientras que otros signos representan sílabas o vocales. Así, se trata de una escritura logosilábica. Una de sus peculiaridades está en que un término se escribía de maneras diferentes; puede estar compuesto de un logograma, un logograma complementado con una sílaba, que da la clave fonética para su lectura, o un signo compuesto sólo por sílabas (los epigrafistas escriben las lecturas logográficas con mayúsculas y las fonéticas con cursivas).

En ningún momento se utilizaron más de 500 signos, de los cuales han sido descifrados alrededor de 300. Así, pese al gran avance que ha logrado la epigrafía, queda mu-

cho por hallar, pero el desciframiento de los códigos de la
escritura maya, aunque todavía incompleto, ha sido el fundamento (apoyado por otras disciplinas, como la arqueología y la historia) de una nueva imagen de los mayas prehispánicos, que los revela no sólo como creadores de una
dinámica vida política y una compleja sociedad, sino también como poseedores de una profunda conciencia histórica. Esas lecturas nos han dado a conocer, además, la identidad de los grupos de poder de varias ciudades, sus mitos o
historias sagradas y una intensa vida ritual, así como la in-
terrelación de todo ello con los profundos conocimientos
científicos que alcanzaron.

LA HISTORIOGRAFÍA MAYA
SEGÚN LOS TEXTOS ESPAÑOLES COLONIALES

Sin embargo, para profundizar en el sentido que la historiografía tuvo para los mayas, y conocer las distintas finalidades de su creación, es necesario tomar en cuenta, además
de las inscripciones prehispánicas, las fuentes españolas escritas en los siglos inmediatos a la Conquista, que coinciden en afirmar que los mayas antiguos cultivaron la historia de diversas maneras, desde la simple tradición oral hasta
la elaboración de códices e inscripciones donde asentaron
los hechos sobresalientes de su comunidad y de sus grandes
hombres. Ello significa que, aunque a la llegada de los españoles al parecer ya casi no se realizaban inscripciones en
piedra y estuco, todavía se elaboraban códices y, según los
cronistas españoles del siglo XVI, éstos eran muy numerosos. De este modo, el conocimiento de la escritura permanecía vivo.

Dichas fuentes nos dan a conocer que los códices eran para los mayas algo más que el medio de conservar sus conocimientos y tradiciones; eran el símbolo de todo lo sagrado y digno de respeto, la clave para comprender el espacio y el tiempo y para situarse en ellos (por la concepción cíclica del tiempo según la cual los acontecimientos se repetían); la norma de vida, por la ejemplaridad de sus historias sagradas, y el principio de identidad de su ser comunitario. Las fuentes coloniales revelan, asimismo, que el conocimiento de la escritura, por ser una actividad sagrada, era monopolio de los grupos de poder; escribir fue una acción ritual que sólo un reducido grupo podía realizar.

Los documentos coloniales denominan a los códices analté o yanalté ("debajo del árbol"), y fueron llamados así porque era costumbre ritual que los códices, por ser objetos sagrados, se guardaran en los templos y se llevaran en algunas fechas a los bosques para ser colocados debajo de ciertos árboles, donde se hacían ceremonias para evitar su destrucción.

Por los registros coloniales sabemos asimismo que los asuntos tratados en los códices eran principalmente religiosos e históricos. Muchos cronistas hablan incluso de códices específicamente históricos, y aseguran haberlos tenido en sus manos. Una de las descripciones más notables la da Fuentes y Guzmán, quien menciona los diversos tipos de materiales donde se realizaban las inscripciones históricas en Guatemala: "Con más o menos curiosidad —asienta el cronista— en pergaminos de venado, en mantas, piedras y maderos, pintaban, esculpían y tallaban los sucesos y cosas memorables de su tiempo, y la cuenta del tributo de sus reyes, y los señores de su estirpe…"

Dice que en los maderos, aludiendo tal vez a los dinteles

de madera de las construcciones, se narraba la vida de los reyes, basándose en la cuenta de 52 años. "Declarando el nombre de la persona, también asentaban los años y la duración de su reinado, sus batallas y triunfos, y su gobierno y disposición política".

Los historiadores eran sacerdotes, como lo confirma fray Diego de Landa en su *Relación de las cosas de Yucatán,* quien hablando de ellos asegura: "Que las ciencias que enseñaban eran la cuenta de los meses, años y días, las fiestas y ceremonias, la administración de sus sacramentos, los días y tiempos fatales, sus maneras de adivinar, remedios para los males, las antigüedades, leer y escribir con sus letras que representaban las escrituras".

Otros textos informan que el oficio de historiador se heredaba de padres a hijos, que los propios reyes los consultaban sobre los hechos históricos y los asuntos religiosos, y que los códices servían como apoyo a una transmisión oral de su contenido que hacían los narradores y maestros de danza (*holpopoob,* en maya yucateco). Estas versiones orales, que seguramente eran más ricas que los datos escritos, se llevaban a cabo en las festividades religiosas y tenían muchas veces la forma de representaciones dramáticas, bailes-drama. Ello significa que el pueblo no permanecía ajeno al contenido de los textos y que a través de su versión oral, se buscaba afirmar el poder de los linajes gobernantes, la conciencia histórica y la propia identidad del grupo.

¿Por qué, si los propios españoles vieron muchos códices en manos de los indígenas, sólo se han conservado tres manuscritos mayas, que reciben sus nombres de las ciudades a donde llegaron durante la época colonial: el *Dresde,* el *París* (o *Peresiano)* y el *Madrid* (o *Trocortesiano),* que ningún maya puede ya leer? ¿Qué ocurrió con los libros y con sus creadores?

Los frailes españoles, en su afán de "desterrar la idolatría" y conociendo la significación que los códices tenían para sus creadores, destruyeron todos los libros que pudieron encontrar, y los sacerdotes mayas fueron perseguidos, torturados y muchas veces asesinados. El obispo fray Diego de Landa, a quien debemos uno de los libros más importantes sobre la antigua cultura maya peninsular, pero a quien hay que atribuir también algunas de las más lamentables acciones en contra de los mayas, entre las que está el famoso "Auto de fe de Maní", escribe: "Hallámosles gran número de libros de estas sus letras, y porque no tenían cosa en que no hubiese superstición y falsedades del demonio, se los quemamos todos, lo cual sintieron a maravilla y les dio mucha pena".

Y respecto de los códices de contenido histórico, fray Diego López Cogolludo informa que junto con los libros de sus antiguos ritos se quemaron "sus historias de sus antigüedades".

Por su parte, los mayas vieron esta destrucción como una gran tragedia, pues con la pérdida de los códices y de los sacerdotes, se perdió para ellos la memoria escrita de su pasado y, por tanto, la posibilidad de predecir el futuro. Dice un autor del *Libro de Chilam Balam de Chumayel,* escrito en la época colonial: "No teníamos ya buenos sacerdotes que nos enseñaran… no teníamos sabiduría, y al fin se perdió el valor y la vergüenza. Y todos fueron iguales…"

Pero el afán maya de conservar por escrito sus tradiciones religiosas, sus ritos, su acontecer histórico, sus fiestas e, incluso, sus vivencias de la naturaleza, trascendió al profundo cambio ocasionado por la implantación de un nuevo orden político-social y una nueva religión, a la imposición de una nueva cultura. Algunos hombres mayas, lejos de

abandonar su herencia cultural y con base en su notable
conciencia histórica, realizaron una labor que casi siempre
es más profunda y perdurable que cualquier acto político:
escribir libros. Lo hicieron en sus propias lenguas, aprovechando el aprendizaje del alfabeto latino.

IV. EL RESURGIMIENTO DE LA VOCACIÓN DE ESCRIBIR
Los libros mayas coloniales

A PESAR de la pérdida del conocimiento de la escritura, el contenido de los códices destruidos se conservó en parte en múltiples textos que los propios mayas escribieron después de aprender de los frailes el alfabeto latino. Estos nuevos libros revelan también un intento de mantener vivas sus creencias religiosas, así como la memoria de los grandes linajes mayas, nutriéndose de los antiguos relatos sobre el pasado, y son herederos de la forma de concebirlo que tuvieron los antiguos mayas, según lo manifiestan sus autores. Por esa razón los textos indígenas coloniales tienen el mérito de ser la visión de los propios mayas sobre su historia y su religión.

Mientras que las inscripciones históricas del periodo Clásico se refieren principalmente a los acontecimientos políticos, a los mitos o historias de los dioses y a los ritos relacionados con los gobernantes, los libros coloniales revelan que por lo menos en los antiguos códices, de los que fueron copiados los datos, había también otros contenidos de la historiografía, y además ofrecen *otra historiografía maya,* en tanto que recoge las tradiciones orales que en la época prehispánica eran el complemento de los códices. Pero como para los mayas no existe diferencia entre lo que nosotros llamamos mito y lo que llamamos historia, se puede catalogar esa historiografía (desde nuestros conceptos)

como una "mitohistoriografía" o "cosmovisión", como dice
Van Akkeren.

En el estilo de la mayoría de los documentos, en su ritmo poético, se puede advertir el carácter oral de los textos,
que se acompañaba de música y danza, lo cual indica, como
afirma Van Akkeren, que ellos también fueron escritos por
un grupo de maestros de danza, desde 1550 d.C., y que
fueron depositarios de una memoria colectiva.

Así, siguiendo la tradición prehispánica y gracias a las
cualidades del alfabeto latino, los escribas mayas pudieron
ampliar tanto la información histórica como la religiosa,
política y social, así como dejar constancia de su propia situación de pueblos sometidos.

Se conserva un gran número de estos libros y documentos indígenas que constituyen el *corpus* que podemos llamar
propiamente literatura maya, pues son los únicos que en
realidad podemos leer en su totalidad, mientras no se desci-
fren las últimas claves de la antigua escritura jeroglífica. El
contenido de estos textos es muy diverso, pero en ellos se
encuentran los mitos y símbolos esenciales de la religión
maya, así como múltiples rituales; además se registran los
principales acontecimientos de los linajes y etnias protagonistas de la historia posclásica maya, como los itzáes, los
xiúes, los quichés y los cakchiqueles; hablan de los orígenes
de la comunidad, peregrinaciones, guerras y fundación de
ciudades. Asimismo, confirman la nobleza y antigüedad
de los linajes y la legítima posesión de las tierras. Por todo
ello, los libros eran "libros de la comunidad".

Nuestro criterio para considerar un texto colonial como
literatura maya es que haya sido escrito por hombres mayas,
en una lengua maya y que su contenido dé continuidad a la
tradición maya prehispánica que, aunque alterada e influi-

da por la cultura occidental y adquiriendo paulatinamente nuevos significados, pervivió entre los grupos indígenas después de la llegada de los españoles. Pero además, hemos considerado aquí como literatura maya los textos escritos por indígenas que registran la historia y la situación de los mayas en la propia época colonial.

Partiendo de ese criterio, no consideramos como literatura maya, primero, los textos en lenguas mayas cuyo contenido no es indígena, por ejemplo, registros eclesiásticos y administrativos, literatura bíblica, catecismos, himnos, sermones, bulas papales, cuentos europeos, y gramáticas y diccionarios elaborados en el siglo XVI. Segundo, los libros sobre la tradición maya prehispánica escritos por frailes, soldados y encomenderos españoles con distintas finalidades que van desde la misión evangelizadora y un verdadero interés de conocimiento hasta el afán de congraciarse con la Corona española para obtener privilegios. Y tercero, los textos de tradición maya obtenidos de informantes indígenas en los siglos XIX y XX por etnohistoriadores.

Las lenguas mayas habladas hasta hoy en el vasto territorio maya, sin contar las variantes dialectales, son alrededor de 29, y fuera del área, en el norte de Veracruz y sur de Tamaulipas, se habla una más, el huasteco o teenek. Este grupo de lenguas derivó de una antigua lengua denominada protomaya, cuya diversificación parece haberse iniciado alrededor de 2000 a.C. Algunas lenguas se han extinguido, como el choltí o lacandón histórico, el coxoh y el chicomucelteco, pero con variantes en el número de hablantes, las lenguas vivas son: maya yucateco, itzá, lacandón, mopán, chortí, chontal, chol, tzeltal, tzotzil, tojolabal, chuh, jacalteco, kanhobal, acateco, mam, teco, ixil, aguateco, tuzanteco, motozintleco, kekchí, uspanteco, pokoman, pokomchí, quiché, cakchiquel, tzutuhil, sacapulteco, sipacapa, y huasteco o teenek.

En algunas de estas lenguas se escribieron los libros indígenas coloniales, lo cual pudo lograrse gracias a la extraordinaria labor de los primeros misioneros españoles; éstos, por necesidades de la evangelización, adaptaron los caracteres latinos para representar los sonidos de las lenguas mayances e inventaron símbolos especiales para representar consonantes glotalizadas que no existen en español, como la CH', la DZ y la P'. La C siempre es fuerte; la V suena U, la X suena SH; la H suena como J suave. Además de crear el sistema de representación gráfica, los frailes estudiaron y ordenaron los diversos elementos del lenguaje, elaborando un buen número de gramáticas y vocabularios.

Así, la tradición indígena de conservar por escrito su historia y creencias, aunada a la labor de adaptación del alfabeto latino a las lenguas indígenas realizada por los frailes, constituyeron la base de la sobrevivencia de la literatura maya prehispánica y la creación de una distinta en la época colonial. Entre los nuevos libros destacan, por su importancia histórica y literaria, algunos debidos a los quichés, a los cakchiqueles y a los maya-yucatecos; hay también documentos en tzutuhil, mam, pokomchí, pokoman, chontal y otras lenguas mayances.

De los textos más importantes que se conocen existen las versiones en lenguas indígenas; de otros documentos sólo se conservan copias en español, muchas veces traducciones de los propios indígenas, y es posible que algunos sólo hayan sido escritos en español, particularmente los que tenían la finalidad de ser presentados ante las autoridades españolas con fines legales.

En las obras hay textos religiosos, históricos, cronológicos, astronómicos, médicos, literarios y legales, por lo que es muy difícil hacer una clasificación temática de los libros, ya que la mayor parte de ellos reúne varios tipos de textos. Por eso, en la relación de las obras principales, que hacemos a continuación, éstas aparecen ordenadas conforme a la lengua en la que fueron escritas.

V. RELACIÓN DE LOS PRINCIPALES LIBROS MAYAS

Textos maya-yucatecos

Libros de Chilam Balam

Provienen de distintos poblados de la península de Yucatán, de los que toman sus diferentes nombres: Chumayel, Tizimín, Kaua, Ixil, Tecax, Nah, Tusik, Maní, Chan Kan, Teabo, Peto, Nabulá, Tihosuco, Tixcocob, Telchac, Hocabá y Oxkutzcab. Las copias conocidas pertenecen a los siglos XVIII y XIX. De los de Teabo, Peto, Nabulá, Tihosuco, Tixcocob, Telchac, Hocabá y Oxkutzcab sólo se tienen referencias, y no hay seguridad de que en todos los casos se trate de un libro independiente; por ejemplo, el Teabo parece ser el mismo que el Tecax; el Hocabá es quizá otro nombre del Káua; el Peto puede haber surgido de una mala interpretación de la palabra "pueblo".

Estos libros reciben su nombre del sacerdote taumaturgo llamado Chilam Balam, que vivió un poco antes de la llegada de los españoles y que se hizo famoso por predecir el advenimiento de hombres distintos y de una nueva religión. Su profecía aparece en varios de los libros, al lado de predicciones semejantes de otros sacerdotes. El nombre se compone de dos términos: *chila'n,* "el que es boca, intérprete", y *balam,* "jaguar o brujo", por lo que puede traducirse como "brujo profeta". Así los chilames eran los sacerdotes profetas que interpretaban los libros antiguos para elaborar las profecías. El Chilam Balam vivió en Maní, y quizá de ahí proviene el hecho de nombrar así a los libros, pues se menciona por primera vez en una transcripción hecha por Pío Pérez del libro de ese poblado *(Códice Pérez):* "Hasta aquí termina el libro titulado Chilambalam, que se conserva en el pueblo de Maní".

Los *Libros de Chilam Balam* no son obras estructuradas y con un sentido unitario, sino que cada libro es una recopilación de los escritos más diversos y procedentes de diferentes épocas. En ellos encontramos *textos religiosos:* míticos (algunos de los cuales son fruto del sincretismo maya-cristiano), rituales y proféticos (tablas de profecías de los *katunes* o periodos de 20 años; de los *tunes* o años y de los *kines* o días, así como profecías sobre la llegada de los españoles); *textos cronológicos:* explicaciones sobre el calendario indígena y almanaques; *textos astronómicos,* con influencia europea; *textos históricos:* desde crónicas con registros de fechas hasta acontecimientos aislados; *textos literarios,* y una variedad de escritos no clasificados. Sin embargo, como afirma Munro S. Edmonson, "la mayoría de los libros refleja una visión del mundo y un sentido de la historia que son distintivamente mayas".

Cantares de Dzitbalché

Proceden de Dzitbalché, Campeche. Recopilados en el siglo XVIII. Es un conjunto de 16 cantos sobre rituales, como el de sacrificio por flechamiento y la ceremonia de Año Nuevo; oraciones; cantos a la orfandad, a la naturaleza y a las doncellas que van al matrimonio.

Códice de Calkiní

Llamado por algunos *Chilam Balam de Calkiní* o *Crónica de Calkiní.* Procede de Calkiní, Yucatán. Está compuesto por 13 relaciones escritas en maya-yucateco en las últimas décadas del siglo XVI, por las familias Canul y Canché, que unieron sus textos para conformar el códice en la segunda mitad del siglo XVII. En los documentos aparecen los años 1579, 1582 y 1595. Esta compilación tuvo la finalidad de constituir el título primordial de Calkiní. Contiene también un texto en español escrito hacia 1800 y otro en maya del 20 de noviembre de 1821. Habla de los linajes Canul y Canché; de la extensión y límites del territorio que les pertenecía; de sus hombres ilustres, y de la conquista española realizada por Montejo.

Códice Pérez

Recopilación de varios textos procedentes de Maní, Ticul, Sotuta y otros sitios de Yucatán, siglo XIX: contiene algunos textos del tipo de los *Libros de Chilam Balam.* Incluye gran parte del *Chilam Balam de Maní,* y otros escritos del mismo sitio. Se piensa que la tercera parte del códice se basa en el *Chilam Balam de Oxkutzcab,* que se ha perdido. Encontramos en él tablas y correlaciones de los calendarios cristiano y maya; material profético; almanaques y fechas históricas. Hay también una copia parcial del *Chilam Balam de Ixil,* parte de los *Documentos de tierras de Sotuta* y del *Tratado de tierras de Maní* y la *Crónica de Chac-Xulub-Chen,* escrita por Nakuk Ah Pech, llamada también *Crónica de Chicxulub* y *Códice Nakuk pech.* Procede de Chicxulub, Yucatán, siglo XVI. Relata la conquista española y otros acontecimientos

de Yucatán entre 1511 y 1562. Tiene algunos apéndices
que incluyen una lista de los conquistadores españoles.

Crónica de Maní

Procede de Maní, Yucatán, 1557-1813. Consta de una copia en maya yucateco de finales del siglo XVI, y de otra en
español del siglo XVII, del *Tratado de tierras de Maní,* perteneciente a 1557. Incluye una copia del mapa de la provincia de Maní, textos en yucateco y español escritos entre
1624 y 1813, y dos mapas de Calkiní de los siglos XVII y
XVIII.

Crónica de Yaxkukul

Escrita por Pech Ah Macan. Procede de Yaxkukul, Yucatán,
siglo XVI. Se trata de una crónica de la conquista española y
otros acontecimientos de Yucatán ocurridos entre 1511
y 1553. Incluye una crónica escrita por Ah Naum Pech en
1541, listas de los conquistadores españoles y datos sobre
los límites de Yaxkukul. Es muy semejante a la *Crónica de
Chac-Xulub Chen.*

Crónicas de los Xiú

Llamadas también *Libro de probanzas, Papeles de la familia
Xiú, Manuscrito de Ticul, Crónica de Oxkutzcab.* Proceden
de la provincia de Maní, Yucatán, 1608-1817. Recopilación de documentos, con versión en español, relativos a la
familia Xiú, reyes de la provincia de Maní. Muchos de los
escritos son pruebas de nobleza y "probanzas", en las que se

establecen límites de tierras y se piden privilegios para los Xiú, que se consideraban poseedores legítimos del pueblo de Oxkutzcab. Contienen un dibujo del árbol genealógico de la familia y un pequeño registro histórico. Al final de éste, uno de los autores, Juan Xiú, declara que en 1685 copió el texto de un antiguo libro "en caracteres", lo que alude a la escritura jeroglífica. Pero como los asuntos cubren los años de 1533 a 1545, dicho texto, que se asemeja mucho a los *Libros de Chilam Balam,* pudo haber sido escrito en alfabeto latino, pues procede del momento de la Conquista.

Documentos de tierras de Sotuta

Proceden de Sotuta, Yaxcabá y otros sitios de Yucatán, 1600. Hay una versión en español de Gaspar Antonio Chi. Se describen los límites del territorio de Sotuta, como estaban establecidos en 1600, de acuerdo con la división de Nachi Cocom, de 1545. Incluye acuerdos territoriales realizados en Yaxcabá en 1600.

Documentos de Tabí

Proceden de Tabí, Yucatán, 1569-1821. Documentos legales con informaciones sobre la época prehispánica y acontecimientos históricos del siglo XVI. Con versión en español.

Libros del judío

Proceden de la península de Yucatán, siglos XVIII y XIX. Un conjunto de 10 libros, de los cuales los primeros cinco están en yucateco y los restantes en español. Son textos de medicina maya que hablan de síntomas y curaciones de enfermedades, así como del uso de plantas nativas como remedios. Formando parte de los *Libros del judío,* se hallan los *Recetarios de indios en lengua maya,* que incluye listados de enfermedades y plantas, recetas, conjuros y predicciones recopilados por Juan Pío Pérez y Karl Hermann Berendt en el siglo XIX.

Ritual de los Bacabes

Procede de Yucatán, siglo XVII. Es el más destacado libro médico maya; contiene 68 textos sobre conjuros, plegarias y recetas médicas, que expresan el sentido mágico-religioso que tuvo la medicina maya. En 1987 el Centro de Estudios Mayas de la Universidad Nacional Autónoma de México publicó en su Serie de Fuentes para el Estudio de la Cultura Maya (número 5) la primera traducción al español, realizada por Ramón Arzápalo, que supera las traducciones anteriores, por ser más fiel al pensamiento y a la forma de expresión indígena. En esta traducción, los textos se transcribieron y tradujeron en versión rítmica, buscando mantener su estilo literario. Está escrito en un lenguaje simbólico, privativo de la clase sacerdotal. El libro fue descubierto en Yucatán en el invierno de 1914-1915. Pero se considera una copia de un códice más antiguo, tal vez del siglo XVII. Se menciona a Joan Canul, cacique maya de principios de la Conquista, lo que permite situar el original de esta obra en Nunkiní, a fines del siglo XVI.

Títulos de Ebtún

Proceden de la provincia Cupul, Yucatán, siglos XVI a XIX. Son títulos y tratados de tierras, con información sobre la sociedad colonial, las finanzas de los indígenas, la tenencia de la tierra y las leyes, así como una breve información histórica y mapas locales tardíos. Hay una versión en español.

Textos chontales

Texto chontal, en Papeles de Paxbolon-Maldonado

Es el único texto conocido en chontal, con traducción española de la misma época. Se conserva una copia procedente de Tixchel, Campeche, 1614. Fue escrito en náhuatl en 1567, un año después de que Pablo Paxbolon tomara el cargo de cacique y gobernador de Tixchel. En 1612 se hizo una traducción al chontal para Martín Maldonado, realizada por el amanuense nativo del pueblo. Contiene una probanza de méritos y servicios de Pablo Paxbolon, que se divide en tres partes: *a)* Una relación de las generaciones de reyes de Acalán, desde los tiempos más remotos hasta el siglo XVI. Termina con una genealogía de Pablo Paxbolon. *b)* Lista de 76 localidades de Acalán. *c)* Relato de sucesos de Acalán-Tixchel desde los tiempos de Cortés hasta 1604. Aparentemente fue escrita en 1610. Contiene datos importantes, como el de la muerte del gobernante mexica Cuauhtémoc.

Textos quichés

Popol Vuh

Llamado también *Popol Buj, El libro del consejo, Manuscrito de Chichicastenango, Libro del común, Libro nacional de los quichés, Historias del origen de los indios de esta provincia de Guatemala, El libro maya del albor de la vida y las glorias de los dioses.* Procede de Santa Cruz del Quiché, Guatemala. Escrito en dicho pueblo, alrededor de 1550-1555, por miembros de los tres linajes que una vez gobernaron el reino quiché: Kavek, Tamub e Ilocab. Se piensa que uno de ellos pudo haber sido Diego Reynoso (del linaje Ilocab). Se inicia con la cosmogonía quiché, en la que ocupa el lugar principal la creación del hombre, que es formado de masa de maíz, después de que los dioses creadores han fracasado haciendo hombres de barro y de madera. Dentro del mito cosmogónico destaca también el origen del Sol y de la Luna, que resultan de la apoteosis de dos héroes culturales, Hunahpú e Ixbalanqué.

Después del relato cosmogónico, la obra presenta la historia de los grupos quichés: su origen; sus migraciones; la fundación de sus ciudades; sus relaciones tanto de paz como de guerra con los otros grupos de Guatemala, y los hechos de sus reyes. Esta parte habla también de su organización política, social y religiosa, de sus rituales y de sus conceptos sobre los dioses y sobre el sentido de la vida humana. Ilustra, asimismo, sobre los otros grupos que poblaron Guatemala durante el periodo Posclásico, y sobre el carácter determinante de la influencia tolteca en el mundo maya.

Rabinal Achí

Procede de San Pablo de Rabinal, Guatemala. Drama-baile indígena llamado por sus creadores "Baile del tun", cuyo asunto es un ritual de sacrificio de un guerrero del linaje Kavek, realizado por los de Rabinal. En 1850 uno de sus depositarios, Bartolo Sis, de San Pablo de Rabinal, lo transcribió y lo dio a conocer, pero dicha transcripción ha desaparecido.

Título de Totonicapán

Se conoce también como *Título de los señores de Totonicapán.* Procede de Totonicapán, Guatemala, 1554. Es un título de propiedad que refiere la historia del pueblo quiché, desde sus orígenes hasta mediados del siglo XV. Su autor fue posiblemente Diego Reynoso, y fue escrito con los caracteres especiales para escribir la lengua quiché creados por el fraile Francisco de la Parra. Señala los hechos históricos más importantes. Hasta ahora sólo se conocía una traducción española hecha en 1834, cuyo autor, Dionisio José Chonay, dice haber omitido la primera parte por referirse a la creación del mundo según la Biblia. Pero en 1983 el Centro de Estudios Mayas de la UNAM publicó en su Serie de Fuentes para el Estudio de la Cultura Maya una nueva versión del manuscrito original en quiché hallada por Robert M. Carmack en posesión de los principales de San Miguel Totonicapán. La traducción al español es del propio Carmack y James L. Mondloch. En esta nueva versión sí se incluye la cosmogonía, de tradición bíblica, pero con fuertes influencias indígenas, eliminada por Chonay.

Título de Yax, Título de Cristóbal Ramírez
y Título de Pedro Velasco

Fueron hallados por Robert M. Carmack en 1973, junto con el *Título de Totonicapán,* en el poblado de San Miguel Totonicapán, Guatemala. El *Título de Yax* es una copia del original de 1554 realizada entre los siglos XVII y XVIII. El de Cristóbal Ramírez incluye una traducción al español, y al parecer es un texto auténtico del siglo XVI; el de Pedro Velasco también es copia posterior. En la valiosa colección se encontraban, además, un *Título de Ilocab* y un *Título de Tamub, Guatemala,* así como otros tres documentos escritos en español: un fragmento del *Título de Yax,* el *Título de Paxtocá* y el *Título de caciques.* Éstos provienen de copias bastante tardías.

Todos estos documentos versan sobre la historia del pueblo quiché, pero no contienen el mito cosmogónico maya como el *Popol Vuh,* ni el cristiano, como el *Título de Totonicapán* sino únicamente alusiones al "Paraíso Terrenal". Mencionan las migraciones y sus símbolos asociados, las guerras, las genealogías, la fundación de ciudades, los límites de tierras.

Memorial de la Conquista y Título de Totonicapán

Se trata de un breve documento que surgió por un litigio de tierras entre las comunidades indígenas de los pueblos de San Cristóbal Totonicapán y San Miguel, por el sitio llamado Paxtocá. Destacan los nombres de Alonso Pérez Excampariq, el cacique quiché, y Pedro de Alvarado, el conquistador de esas regiones.

Título Tamub

Llamado también *Historia quiché de don Juan de Torres*. Procede de la región de Totonicapán, Guatemala; fue escrito en quiché en 1580. Se conserva sólo una copia de 1812. Fue escrito por don Juan de Torres, miembro de la línea Ekoamak' de los Tamub Quichés. Es un título que señala los límites territoriales y relata la historia de los Tamub: migraciones, organización política y genealogías. Corrobora y complementa los datos contenidos en el *Popol Vuh* sobre los Kavek, Nijaib y Ahau Quiché. La copia publicada por Recinos es idéntica a la hallada en la colección de Robert M. Carmack.

Título C'oyoi

Procede de Utatlán, Guatemala. Escrito por miembros de la rama Quejnay de los quichés, entre 1550 y 1570. Incluye dos pinturas. Es una narración de la llegada de los fundadores de linaje; sus migraciones; la posible fundación de Utatlán; las conquistas del rey Quikab, y una visión de la conquista española. Hay una petición de tierras en la que se enumera las propiedades territoriales de los C'oyoi.

Títulos Nijaib

Cuatro documentos que asientan los derechos sobre las tierras de la rama Nijaib de los quichés.

Nijaib I: llamado también *Título de la casa de Ixcuin Nehaib, Señora del territorio de Otzoyá*. Procede de la región de Quetzaltenango, Guatemala. Escrito entre 1550 y 1560.

Contiene datos sobre las conquistas en los territorios de Otzoyá y Quetzaltenango; sobre los reyes Quikab y Mahucutah y sobre la historia de los quichés antes de la Conquista; incluye declaraciones sobre el tributo que se pagaba a Moctezuma, y termina con un importante relato de la conquista española de la región de Quetzaltenango, cuyos personajes principales son Tecún Umán y Pedro de Alvarado.

Nijaib II: llamado también *Título Real de don Francisco Izquín Nehaib.* Procede de Momostenango, Guatemala, 1558. Es una carta de nobleza de don Francisco Izquín Nehaib que registra los nombres de las familias quichés Kavek, Ahau Quiché, Ilocab y Tamub. Contiene una historia de la conquista y el tributo en Verapaz, río Chixoy, y Quetzaltenango, hacia 1501.

Nijaib III: llamado también *Antiguo título quiché.* Procede de la región de Momostenango, Guatemala, 1542. Señala las fronteras de las tierras cercanas a Momostenango e incluye datos sobre Izquín Nehaib y los quichés de la rama Ilocab.

Nijaib IV: procede de Santa Cruz del Quiché, 1555. Es un título del territorio de Otzoyá, que describe los límites políticos y menciona a los señores quichés, ilustrándonos sobre sus relaciones políticas.

Título del Ajpop Huitzitzil Tzunún

Procede de Quetzaltenango, Guatemala. El original estuvo escrito en quiché en 1567, y luego fue traducido al español. Se inicia diciendo: "Contiene algunas noticias de la conquista y batalla que don Pedro de Alvarado ganó en el Pinar de Quetzaltenango". Es una probanza y título de Martín

Velásquez, Ajpop Huitzitzil Tzunún, confirmando su posición como "principal y cabeza de su calpul" y su derecho sobre las tierras. Contiene una breve narración sobre la conquista quiché de los mames del área de Culajá, de eventos de la conquista española en Quetzaltenango (1529), que fusiona con la conquista de la capital quiché, y de la derrota del héroe Tecún Umán en al llano del Pinal (Pinar), el 12 de febrero de 1524, por Pedro de Alvarado.

Título de los indios de Santa Clara la Laguna

Procede de Santa Cruz del Quiché, Guatemala, 1583. Escrito por miembros del linaje Kavek en quiché. Con versión en español. En 1640 fueron presentados por los indios de Santa Clara en un litigio de tierras con los pueblos de San Juan Atitlán. Contiene una breve declaración de las fronteras de tierras, pero incluye una historia de las migraciones y genealogía quiché que aparece en el mismo orden que en el *Popol Vuh*. Se menciona a Diego Reynoso, Popol Vinak, y a los últimos reyes quichés, don Juan de Rojas y don Juan Cortés.

Título de los señores de Sacapulas

Llamado también *Título territorial de los señores de Sacapulas* o *Título Sacapulas*. Procede de Santo Domingo Sacapulas, Guatemala, 1551. Se acompaña de un mapa circular donde se asientan por escrito los límites de tierras, y de dos pequeños documentos, uno en quiché y otro en español. Fue escrito por señores de los linajes Canil y Tolteca de Sacapulas.

Relata los orígenes quichés, sus migraciones y asentamientos alrededor de Sacapulas, con genealogías y derechos de los oficios políticos dentro de la comunidad.

Zacxicocxol, Baile de la Conquista

Documento en quiché y castellano. Se trata de una obra dramática, baile-drama, escrita en el siglo XVI, pero que se ha conservado por tradición oral y se representó por lo menos durante los tres siglos de la dominación española en distintos poblados. Una de las versiones es la titulada *Diálogo u "original" del Baile de la Conquista,* cuyo texto se ha rescatado gracias a un informante de San Pedro la Laguna.

Papel del origen de los señores o Título Zapotitlán

Procede de la región de Zapotitlán, Guatemala, 1579. Se encuentra en la *Relación geográfica de Zapotitlán y Suchitepec enviada al rey por el corregidor Juan de Estrada, 1579.* Contiene la genealogía e historia de los reyes de Utatlán, tal vez escritas para pedir la legitimación de los reyes del área de Zapotitlán. Es una versión diferente a la versión oficial de la capital quiché, por lo que constituye una fuente de inestimable valor para el conocimiento de la historia de los quichés. Por su composición, parece ser una casi exacta transcripción del original en quiché.

Textos cakchiqueles

Anales de los cakchiqueles

Llamado también *Memorial de Sololá, Memorial de Tecpán-Atitlán* y *Manuscrito cakchiquel*. Procede de Sololá, Guatemala. Fines del siglo XVI y principios del XVII. Es el primer manuscrito indígena conocido (Juan Gavarrete lo encuentra en el convento de San Francisco, Guatemala, en 1844). Los *Anales* fueron escritos en alfabeto latino, tal como fue adaptado por el fraile franciscano Francisco de la Parra. El *Memorial de Sololá* de los cakchiqueles es una larga obra colectiva que se empezó a escribir en el siglo XVI y se terminó a principios del XVII. El primer autor, que fue un miembro de la familia de los Xahil, recogió la tradición antigua, copiando los datos históricos tal vez de un antiguo códice. Esta parte es llamada por Maxwell y Hill *Xajil Chronicle.* Después el texto fue continuado por otros, en forma de anales. La *Crónica Xajil,* que es la parte más importante y extensa de los *Anales,* narra las historias que contaban los antiguos padres Gagavitz y Zactecauh, patriarcas del grupo. Éstas inician con el mito cosmogónico prehispánico, que es el mismo que aparece en el *Popol Vuh,* donde el hombre de barro no sirvió, lo cual implica una crítica al Génesis, como dijimos antes, y el hombre verdadero es el formado con masa de maíz. Además, la historia de los antepasados los presenta como grandes chamanes, con poderes sobrehumanos. Por ello pensamos que el libro fue escrito originalmente para ser leído en las ceremonias clandestinas, como el *Popol Vuh,* es decir, fue un "libro sagrado de la comunidad".

Los autores fueron principalmente miembros del linaje

Xahil: el autor de la primera parte fue Francisco Hernández Arana, nieto del rey cakchiquel Hun Ik' y testigo de la Conquista en 1524; en 1573 empezó a transcribir las tradiciones de su linaje, y continuó hasta su muerte (¿1582?). En 1583 Francisco Díaz, también del linaje Xahil, prosiguió la relación, registrando eventos del pueblo. Se inicia con referencias de unas declaraciones testimoniales rendidas por indios conversos. Después relata el mito del origen del hombre, creado de masa de maíz, tras el cual viene una narración histórica que parte del origen de los linajes cakchiqueles, señalando los nombres de los diversos grupos que, procedentes de un lugar remoto más allá del mar, llegaron a Tulán para recibir a sus dioses y sus dignidades políticas. Refiere la salida de Tulán hacia la actual Guatemala; menciona los sitios que tocaron las tribus en su larga peregrinación, las guerras contra otros pueblos, la fundación de sus ciudades y, sobre todo, sus relaciones de paz y de guerra con los quichés, que fueron determinantes en su historia.

Dentro del relato histórico encontramos varias leyendas míticas que expresan sus conceptos religiosos y el sentido de sus rituales. Toda esta primera parte es semejante al *Popol Vuh,* y corrobora la veracidad de sus datos históricos y la comunidad de creencias religiosas en Guatemala.

La llamada "segunda parte" en la versión de Recinos narra los hechos de la conquista española, no sólo refiriéndose a los cakchiqueles, sino también dando a conocer el sometimiento de los quichés. Después se convierte en un registro anual de acontecimientos entre 1571 y 1604. Ahí termina, según Maxwell y Hill, la *Crónica Xahil.* Se añade después un extracto de la noticia que da Francisco Díaz, jefe de la parcialidad, acerca de sus matrimonios. Siguen otros documentos, fundamentalmente la genealogía de la familia Pakal, denominados *Pakal Documents* en la traducción de Maxwell y Hill. Ahí termina la versión de Recinos. La fecha es el 17 de abril de 1581. Diego López, el autor de este documento, murió en 1581.

Historias de los Xpantzay.
Trasunto de los títulos de tierras de Tecpán, Guatemala

También llamados *The Xpantzay Cartulary.* Proceden de Tecpán, Guatemala, 1550. Son tres documentos escritos en lengua cakchiquel, que en 1659 los indios de Tecpán presentaron como prueba de sus derechos sobre las tierras, para lo cual fueron traducidos al español. Como los *Anales de los cakchiqueles,* en su redacción original se utilizó la adaptación del alfabeto latino que realizó el fraile franciscano Francisco de la Parra. Estos documentos se incluyen en la obra de Maxwell y Hill.

El primer documento, titulado *Historia de los Xpantzay de Tecpán, Guatemala,* relata el origen del grupo y señala los linderos de sus tierras. El segundo, *Guerras comunes de quichés y cakchiqueles,* refiere la participación cakchiquel en las actividades militares de los quichés durante los reinados de Gucumatz y Qikab. El tercero, llamado *Testamento de los Xpantzay,* narra la historia de la dinastía reinante de los Xpantzay, dando detalles sobre la migración cakchiquel en el área del lago Atitlán.

Título Chajoma

Procede de San Martín Xilotepeque, 1555. Escrito por los cakchiqueles de la rama Chajoma. Es un título de propiedad que contiene una lista de topónimos prehispánicos y nombres de los grupos sociales de la región cakchiquel. Incluye breves referencias a la historia cakchiquel y listas de reyes.

Título de Alotenango

El título fue presentado por los indígenas el 6 de septiembre de 1667 ante las autoridades, en respuesta a una solicitud de tierras del alférez Tomás de Leyva. El original, fechado el 19 de enero de 1565, se encuentra en el archivo de los padres mercedarios. Contiene un valioso material de comparación con los *Anales de los cakchiqueles* y el *Título Chajoma*, de San Martín Jilotepeque. Fue publicado por primera vez en 1979 por Francis Polo Sifontes. Asienta los nombres de parajes geográficos y los mojones situados al sur de sus dominios; habla de los primeros reyes cakchiqueles, registrando también sus nombres nahuas; hay información sobre los pipiles de Escuintla, vecinos de los cakchiqueles, y de la guerra de los cakchiqueles contra los españoles.

Textos tzutuhiles

Relación de los caciques y principales del pueblo de Atitlán o Relación Tzutuhil

Procede de Atitlán, Guatemala, 1571. Es una breve y clara descripción de la organización política y social de los tzutuhiles de Atitlán en la época prehispánica. Asimismo, relata la conquista española y la imposición de tributo a los tzutuhiles por parte de los españoles. Se mencionan los nombres de seis señores, que aparecen también en un documento de

1563, que registra la disputa entre dos facciones de los tzutuhiles de Atitlán. En esta disputa se presentaron dos "pinturas" o códices prehispánicos tzutuhiles, por lo que puede
pensarse que la *Relación Tzutuhil* se basó en documentos
prehispánicos.

Título de San Bartolomé de la Costilla

Es un documento escrito en tzutuhil por Juan López y
traducido al español. Habla de cómo los tzutuhiles hicieron
contacto con los conquistadores Cortés y Alvarado, en
Campeche, y obtuvieron la ayuda de éstos contra los indios
del pueblo de San Juan Nagualapa.

TEXTOS MAMES

Título de San Pedro Necta

Título y probanza de los mames de San Pedro Necta. Pequeño documento escrito en 1742. Describe el territorio y
señala los límites. El propio texto afirma que fue escrito en
mam y después traducido al español.

Título de Ostuncalco y Chiquirichapa

Los mames, que se cuentan entre los pueblos más antiguos,
aseguran haber poseído esas tierras *"ab-initio* para acá". El
documento menciona cómo los quichés (a los que llaman
achíes) los expulsaron de su territorio hacia una alta serra-

nía donde se fortificaron, hasta la llegada de los españoles. Escriben este documento para intentar recuperar sus tierras originales.

TEXTOS POKOMCHÍS

Título de San Cristóbal Verapaz (Cagcoh)

Procede de San Cristóbal Verapaz, Guatemala, 1565, y se encuentra en el Archivo General del Gobierno de Guatemala. Denominado también *Testamento y título de los antecesores de los señores Cagcoh, San Cristóbal Verapaz.* Es el único documento acerca de los antiguos pokomchís; se trata de una versión indígena en español de un original perdido en lengua pokomchí. Relata el origen de la posesión de las tierras y señala los límites de tierras del barrio de Santa Ana en el siglo XVI. Proporciona algunos datos sobre los orígenes legendarios y un registro de acontecimientos religiosos y posesiones de tierras de principios del siglo XVI.[1]

---

[1] Para conocer la historia de estas obras, desde su descubrimiento hasta su actual localización, las copias, publicaciones y comentarios que se han hecho de ellas, consúltense los siguientes libros generales: R. M. Carmack, *Quichean Civilization, the Ethnohistoric, Ethnographic and Archaeological Sources;* Charles Gibson y John B. Glass, "A Census of Middle American Prose Manuscripts in the Native Historical Tradition", en *Guide to Ethnohistorical Sources;* Alfred M. Tozzer, *A Maya Grammar;* Mario Crespo Morales, *Algunos títulos indígenas del Archivo General del Gobierno de Guatemala,* y Judith M. Maxwell y Robert M. Hill II, *Kaqchikel Chronicles,* entre otras.

VI. PROPÓSITOS CON LOS QUE FUERON ESCRITOS LOS LIBROS MAYAS

EL SENTIDO de la creación de nuevos textos mayas, a partir del momento de la Conquista, sólo puede ser cabalmente comprendido si tomamos en consideración por qué realizaron obras escritas los mayas prehispánicos, pues aunque la elaboración de textos en la época colonial responde, en gran medida, a nuevas necesidades surgidas de la conflictiva situación que trajo consigo el dominio español, sus autores fueron herederos de una peculiar concepción del cosmos que ayuda a explicar el afán de los antiguos mayas por registrar sus logros científicos, sus conceptos religiosos y su historia.

Los mayas destacaron por una notable preocupación por el hombre, que se expresa fundamentalmente en su arte escultórico y en su historiografía, así como por unos conocimientos científicos que sobrepasaron en muchos aspectos a los de todas las culturas antiguas del mundo. Ambos aspectos no están desvinculados entre sí, ya que la ciencia surgió entre los mayas por un afán de comprender y mejorar la vida del hombre. Los grandes cálculos cronológicos y astronómicos de los mayas responden a una original idea del mundo y la temporalidad, que consiste en considerar al universo como un conjunto de energías divinas en constante movimiento, regidas por una ley cíclica. El mundo, creado por los dioses mediante un proceso de ordenamiento, destrucción y reordenamiento, es para ellos escenario y manifestación constante de los seres divinos que son, tanto los astros y las grandes fuerzas naturales: tierra, agua, viento y fuego, como deidades que rigen los propios periodos de tiempo por ellos registrados, con base en el ciclo solar; los dioses de los lapsos son concebidos como personajes que recorren el espacio en un movimiento cíclico ordenado, trayendo sobre el mundo y los hombres cargas de influencias benéficas o maléficas.

Así, en tanto que los astros y las fuerzas naturales son dioses en constante movimiento, y de los dioses depende la existencia del hombre, podemos decir que la ciencia astronómica y cronológica surgió de la necesidad de conocer las energías divinas para proteger a los hombres, planear su vida material y anticipar su futuro.

En términos muy generales, los mayas inventaron (más o menos 1000 años antes que los hindúes) el valor posicional de los signos matemáticos y el consecuente uso del cero, pensado como posición vacía; midieron con notable precisión el ciclo solar (con un error de sólo 17.28 segundos, en relación con el año trópico), el de la Luna y el de Venus, entre otros, y lograron predecir eclipses; crearon un complejo sistema de fechar, que se ha denominado Cuenta Larga o Serie Inicial, basado en diversos ciclos: los calendarios solar, lunar, ritual (que fue el fundamento de la vida religiosa y que aún emplean muchos grupos mayances) y otros ciclos. En este sistema, para registrar con absoluta precisión las fechas utilizaron una "fecha era" (o punto de partida del cómputo del tiempo): 13.00.00.00.00, 4 Ajaw 8 Cumk'u, que corresponde en nuestro calendario gregoriano al 13 de agosto de 3114 a.C.; ésta es una fecha mítica que parece registrar el inicio de la era cósmica actual, según sus ideas acerca del origen del universo y su concepción cíclica del tiempo, la cual permite pensar al universo como una cadena infinita de ciclos. Otro sistema, muy importante ritualmente, que se usó desde el periodo Clásico y que continuó hasta la época de la Conquista, fue la "rueda de los katunes" (256 días) o *u kablay katunob* ("cuenta corta").

En cuanto a las influencias astrales, por ejemplo, los mayas calcularon con gran exactitud el ciclo de Venus, que es de 584 días, midiendo su aparición como estrella matutina, su desaparición, su reaparición como estrella vespertina y su nueva desaparición. Pero este cálculo se realizó porque se creía que en su nacimiento como estrella de la mañana Venus surgía del inframundo y, por ello, venía cargada con las influencias maléficas del dios de la muerte, que caerían sobre los hombres. Por tanto, los sacerdotes se afanaron por conocer con exactitud el día del orto heliaco de Venus y de registrar por escrito sus conocimientos, para prevenir a la comunidad y prepararla para el peligro de muerte al que se enfrentaría (los cálculos sobre Venus se encuentran principalmente en el *Códice Dresde*).

Además de los astros, las deidades de los periodos de tiempo actúan sobre el mundo y los hombres: cada día traía una carga de influencias benéficas o maléficas, que determinaban el destino de los nacidos en él, y las acciones individuales y colectivas, por lo que se creó un calendario de los días, calendario ritual constituido por 20 signos y 13 numerales, el cual debía ser consultado para elaborar los horóscopos y antes de realizar cualquier actividad. Quienes lo manejaban eran los sacerdotes, de modo que ellos fijaban el día propicio para cada una de las labores agrícolas, para las bodas, para la construcción, para los rituales de purificación, para las fiestas, etc., pues si una actividad se llevaba a cabo en un día maléfico, fracasaría.

Lo mismo ocurría con los ciclos mayores, como los *katunes* (periodos de 20 años de 360 días, con cinco días "sobrantes"), hasta el momento de la Conquista, como he destacado, las fechas se registraban por la rueda de los katunes. Sólo había 13 katunes de diferente nombre, debido a que únicamente podían finalizar en los días Ahau del calendario ritual; se presentaban en un orden descendente y alternado: Katún 13 Ahau, Katún 11 Ahau, Katún 9 Ahau…, Katún 12 Ahau, Katún 10 Ahau, Katún 8 Ahau… El ciclo se cerraba cuando llegaba de nuevo cualquiera de los 13 katunes, o sea, cada 256 años, y entonces volvían a darse las mismas influencias divinas, por lo que los hechos ocurridos en el katún anterior del mismo nombre se repetirían. Con base en esta creencia, los sacerdotes consignaban en sus códices todos los acontecimientos, registrando antes que nada la fecha, y llevaban un cómputo sistemático del tiempo, para saber cuándo retornaría el katún. Al acercarse el fin del ciclo, consultaban sus libros, pues lo ahí registrado constituía el futuro que esperaba a la comunidad, y daban a conocer al pueblo las profecías. En el *Chilam Balam de Maní,* incluido en el llamado *Códice Pérez* se asienta: "Así lo escribieron con sus signos los grandes sacerdotes cuando averiguaron el orden que deben llevar los *Katunes;* para saber las calamidades de cada *Katún…* "

De este modo, uno de los propósitos esenciales que tenía la realización de textos era la posibilidad de prepararse para recibir el futuro, propiciando las influencias benéficas de los dioses y conjurando las maléficas por medio de múltiples rituales, lo cual indica que los mayas pensaron que podían, de algún modo, cambiar el futuro.

Esta idea de la historia como un acontecer cíclico, determinado principalmente por el movimiento aparente del

Sol, proviene seguramente de los finales del periodo Preclásico y principios del Clásico, ya que desde esa época el Sol (K'inich Ahau) fue el eje de la vida y la creación maya y, por ello, la deidad suprema, identificada con la deidad celeste creadora (Itzamná). El registro del movimiento anual del Sol, notable por su precisión, en correspondencia con el año trópico, fue la base de su astronomía, y los equinoccios y los solsticios fueron los momentos más significativos del ciclo anual del astro. De este modo, por su concepto cíclico del tiempo, es factible que desde ese entonces, los mayas hayan registrado cuidadosamente los acontecimientos también con la finalidad de conocer lo que les depararía el futuro.

En síntesis, el maya se afanó por conocer el ritmo de los astros y por computar el tiempo con toda exactitud, para programar las actividades básicas de la comunidad, en especial la agricultura, que fue el fundamento de su vida material. Pero la preocupación por el conocimiento del cosmos y la temporalidad no está desligada de la preocupación histórica, más bien es esencialmente un afán de comprender el devenir de la vida del hombre, y cimiento para que los hombres planeen su propia historia, preparando su futuro con base en su pasado.

Este sentido radical que tuvo la elaboración de textos escritos para el maya prehispánico fue determinante en la creación de los libros mayas poshispánicos, y tan es así, que son precisamente estas obras las que nos han proporcionado la información básica, corroborando los datos arqueológicos y epigráficos, para acercarnos a la comprensión de los conceptos mayas prehispánicos.

Por su propia palabra, sabemos que los autores de los textos mayas coloniales, que fueron seguramente sacerdotes y nobles conocedores de sus códices antiguos y de sus tradiciones orales, se impusieron la obligación de preservar la herencia de sus antepasados; la herencia espiritual: sus creencias religiosas y sus normas morales, y la herencia material: sus tierras, ante la invasión espiritual y material de los españoles. El medio para lograr tal fin fueron los textos que, como hemos visto, recogen los mitos y rituales indígenas, así como la historia de su grupo, para darlos a conocer a la comunidad, o bien con el fin de confirmar la nobleza y antigüedad de los linajes, probar la legítima posesión de las tierras y solicitar privilegios, como limitar los tributos. Fueron redactados por los miembros de algunas familias nobles, muchas veces a petición de las autoridades españolas. Por ello, cada uno de los textos fue un *popol vuh,* "libro de la comunidad", y eran guardados cuidadosamente por alguna familia principal del pueblo, y heredados de padres a hijos.

En muchos libros, fundamentalmente los de contenido histórico, los diversos depositarios anotaron durante siglos enteros las cosas que consideraron de importancia para la comunidad, dignas de ser recordadas o útiles para la defensa de su territorio, y ésta fue la manera de mantener la identidad y perpetuar el ser histórico de los grupos mayas.

Los cronistas españoles corroboran el sentido comunitario de los libros mayas, que ellos conocieron y muchas veces utilizaron para redactar sus relaciones sobre los mayas. Antonio de Fuentes y Guzmán, por ejemplo, autor de la *Recordación florida,* que hace referencia a varios textos quichés, dice:

En distintos manuscritos de los citados, se halla la propia noticia y tradición de la certeza de su linaje, que es cuaderno de los Calpules o familias nobles del pueblo de Sta. Catarina Istaguacán, escripto en veinte, y ocho fojas, por un cacique dellos, *don Francisco Careta Calel Ysumpam…*

En la mayor parte de los libros se halla la declaración de la finalidad que llevó al autor a escribir, y de acuerdo con tal finalidad, podemos dividir los textos principales en dos grandes grupos: los que predominantemente buscan preservar la herencia espiritual, que hemos denominado "libros sagrados de la comunidad", y los que buscan preservar la herencia material, los "libros histórico-legales", aunque muchos de los escritos persiguen ambas cosas y no sea tan legítimo separar los intereses religiosos de los meramente económicos.

Los libros sagrados de la comunidad

Estos libros fueron elaborados con el fin principal de ser leídos en reuniones de la colectividad indígena, siguiendo la tradición de los antiguos sacerdotes, quienes transmitían al pueblo el contenido de sus códices por medio de discursos pronunciados en las ceremonias religiosas. López Cogolludo asienta: "Tenían fábulas muy perjudiciales de la creación del mundo, algunos (después que supieron) las hicieron escribir, y guardaban, aun ya cristianos bautizados, y las leían en sus juntas".

Sólo que estas nuevas ceremonias eran reuniones clandestinas que se llevaban a cabo en las noches y en lugares lejanos al pueblo, debido a la persecución de que era objeto tal tipo de actos y quienes los realizaban. Hay múltiples testimonios, escritos por españoles, como revela la obra de France V. Scholes y Eleanor B. Adams, *Don Diego Quijada,*

Alcalde Mayor de Yucatán, por los que se sabe que los frailes sometían a los indios a diversos tormentos físicos para obligarlos a confesar los actos de idolatría.

Fray Francisco Ximénez, que logró obtener de los quichés el manuscrito del *Popol Vuh,* revela el valor que sus textos sagrados tenían para los mayas, al relatar:

> Pero como fue con todo sigilo que se conservó entre ellos con tanto secreto, que ni memoria se hacía entre los ministros antiguos de tal cosa, e indagando yo aqueste punto, estando en el Curato de Santo Tomás Chichicastenango, hallé que era Doctrina que primero mamaban con la leche y que todos ellos casi lo tienen de memoria, y descubrí que de aquestos libros tenían muchos entre sí…

Entre los libros sagrados, que claramente fueron escritos con el propósito fundamental de fortalecer la religión maya y "desterrar el cristianismo", frente al afán de los frailes de "desterrar la idolatría", los más importantes son el *Popol Vuh,* los *Anales de los cakchiqueles* y los *Libros de Chilam Balam,* aunque eventualmente estas obras también pudieron haber servido para confirmar la autenticidad de los linajes y defender los derechos sobre las tierras. También podemos considerar libros sagrados los de contenido ritual, como el *Rabinal Achí* de los quichés, el *Ritual de los Bacabes* y *Los cantares de Dzitbalché,* ambos de los mayas yucatecos.

Los textos religiosos e históricos de estas obras, aunque en algunas partes tienen influencia cristiana, fueron muy probablemente redactados utilizando antiguos códices, pues la complejidad de los mitos y la abundancia de datos históricos que poseen no pudieron haber sido retenidos en la memoria formando parte únicamente de la tradición oral.

El autor del *Popol Vuh* confirma esta idea cuando dice: "Esto lo escribiremos ya dentro de la ley de Dios, en el Cristianismo; lo sacaremos a la luz porque ya no se ve el Popol Vuh, así llamado. Existía el libro original, escrito antiguamente, pero su vista está oculta al investigador y al pensador".[1] En los *Anales de los cakchiqueles* encontramos una notable diferencia entre la primera parte, donde se narra la historia del pueblo cakchiquel, según "las historias de nuestros primeros padres y abuelos", con registros de fechas y una concordancia de datos con el *Popol Vuh,* y la segunda parte, donde se relata la Conquista y los acontecimientos ocurridos desde entonces. Esto sugiere que, como en el *Popol Vuh,* el autor (o autores) de la primera parte pudo tener a la vista un antiguo códice jeroglífico. Esta misma diferencia se aprecia en los *Libros de Chilam Balam,* donde los mitos, las profecías y los registros históricos, aunque sufrieron modificaciones por los sucesivos copistas de los textos, se distinguen claramente de los escritos que a lo largo de los años fueron agregándose al núcleo original. Los fragmentos antiguos de los diferentes chilames, que refieren los mismos acontecimientos, son llamados "textos de fondo" por Alfredo Barrera Vásquez y Silvia Rendón, quienes realizaron un importante cotejo de varios de ellos titulado *Libro de los libros de Chilam Balam.*

En los libros sagrados, lo que nosotros llamamos tradición histórica y mitología se presentan entremezcladas. El relato se inicia generalmente como la narración de la historia de las tribus, por lo que podría pensarse que se trata sólo de textos históricos; pero para ellos no hay oposición entre

[1] En las citas textuales del *Popol Vuh* empleamos la versión de Adrián Recinos.

historia y mito; al referir la historia se dan a conocer como lo esencial las ideas religiosas, pues se hace partir la narración del origen del mundo y el hombre, y a lo largo del texto se pone énfasis en el lugar principal que ocuparon los dioses en la historia de las tribus; se describen los rituales; se intercalan otros mitos, y se presenta a los gobernantes como hombres sabios y poderosos por su obediencia a las deidades y su cumplimiento de los rituales, entre los que está la adivinación del futuro por medio de los libros sagrados. Dice el autor del *Popol Vuh:*

Grandes Señores y hombres prodigiosos eran los reyes portentosos Gucumatz y Cotuhá, y los reyes portentosos Quicab y Cavizimah. Ellos sabían si se haría la guerra y todo era claro ante sus ojos; veían si habría mortandad o hambre, si habría pleitos. Sabían bien que había donde podían verlo, que existía un libro por ellos llamado *Popol Vuh.* Pero no sólo de esta manera era grande la condición de los Señores. Grandes eran también sus ayunos. Y esto era en pago de haber sido creados y en pago de su reino. Ayunaban mucho tiempo y hacían sacrificios a sus dioses.

Los *Libros de Chilam Balam* no constituyen un relato ordenado de la historia de cada grupo; sin embargo, entre los textos aislados que los integran, encontramos también los mitos cosmogónicos, los orígenes históricos, los rituales y la exaltación de los gobernantes:

Verdaderamente muchos eran sus "Verdaderos Hombres". No para vender traiciones gustaban de unirse unos con otros; pero no está a la vista todo lo que hay dentro de esto ni cuánto ha de ser explicado. Los que lo saben vienen del gran linaje de nosotros, los hombres mayas. Esos sabrán el significado de lo que hay aquí cuando lo lean. Y entonces lo verán y entonces lo explicarán y entonces serán claros los oscuros signos del Katún. Porque ellos son los sacerdotes.[2]

Todo ello indica que estos libros sagrados siguieron teniendo, como los antiguos códices, el sentido de afirmar el poder de los gobernantes locales, dentro del tradicional sistema político maya, y de servir de base para la transmisión de los mitos y para el ritual de adivinación que, reinterpretado, ha pervivido hasta hoy.

Los textos escritos para ser cantados, bailados o representados, de los que conocemos el libro de *Los cantares de Dzitbalché* y el *Rabinal Achí,* parecen haber tenido, como los anteriores, el propósito de afirmar entre los mayas sus convicciones religiosas, mantener su identidad histórica y exaltar a los reyes, pues en esas ceremonias clandestinas de los primeros siglos de la Colonia se hacían también representaciones dramáticas con un sentido ritual. Fuentes y Guzmán refiere: "Danzan, pues, cantando alabanzas del santo que se celebra; pero en los bailes prohibidos cantaban las historias y los hechos de sus mayores y de sus falsas y mentidas deidades".

Estos bailes prohibidos, o "bailes del *tun",* fueron siempre considerados como actos religiosos, ya que los actores se confesaban, se preparaban con ayunos y abstinencias, ejecutaban ritos antes de la representación, y preveían algún castigo divino después de ella.

Por todo esto, los manuscritos que contenían el texto de las representaciones, y que probablemente eran legados de pa-

---

[2] En las citas textuales del *Chilam Balam de Chumayel* empleamos la versión de Antonio Médiz Bolio.

dres a hijos dentro de las familias de maestros oficiales de danzas o *holpopob,* pueden también ser considerados como "libros sagrados de la comunidad". En ellos, además de conservarse los rituales prehispánicos, se hacen alabanzas de los antepasados. El Canto 5 del libro de *Los cantares de Dzitbalché,* por ejemplo, dice que es necesario medir la cuenta de los *katunes,* desde el tiempo en que se construyeron las antiguas ciudades mayas, y, al referirse a sus constructores, afirma que fueron "los grandes y poderosos hombres". En seguida declara por qué se escribieron esos cantares:

> Lo que signifique / aquí en los poblados, damos; / el significado, / el cual vemos hoy, / y lo que sabemos / porque día / a día vemos / en medio de los cielos / la señal de lo que / nos fue dicho por / los hombres antiguos / hombres de aquí / de nuestros pueblos, / de aquí de nuestra tierra. Damos / lo cierto de nuestra intención / para que se pueda / leer lo que / hay en la faz del / cielo al entrar la / noche, así desde / el horizonte hasta el meridiano.

Así pues, la lectura de los libros sagrados y las representaciones de tipo dramático, acompañadas de ritos de purificación y de otros rituales, eran ceremonias religiosas, de algún modo semejantes a las grandes fiestas de la época prehispánica. Sólo que aquí había algo más: una intensa actitud defensiva, por la cual se trataba de dar a la comunidad una motivación para rechazar el dominio político, económico y espiritual de los españoles. Así, mientras los frailes trataban de evangelizar a los indígenas, con la convicción de que los llevaban al camino de la verdad y de la salvación, los sacerdotes mayas buscaban afirmar en ellos la confianza en sus dirigentes y en sus creencias, su valor y su dignidad como pueblo que, tanto frailes como autoridades españolas, habían invalidado; se trataba de una especie de contraevangelización.

Indudablemente, ésta es una de las causas radicales de las múltiples rebeliones indígenas que se han llevado a cabo desde la conquista española hasta nuestros días en el área maya, y nos explica también el hecho de la notable conservación de costumbres y creencias prehispánicas, apoyadas en la concepción indígena del mundo y de la vida que, aunque reinterpretadas y resignificadas, encontramos en los grupos indígenas actuales. Ellas sustentan el principio de identidad y la fuerza comunitaria del pueblo maya, aunque haya desaparecido lo más rico de sus creaciones culturales.

En cuanto al *Ritual de los Bacabes,* aunque se puede considerar un libro médico por contener 68 textos para curar enfermedades, tiene un profundo sentido religioso, en tanto que cada encantamiento, expresado en un lenguaje altamente simbólico, formaba parte de un complejo rito, en el que se aludía a los principales dioses de la religión maya, a la cosmogonía y a otros aspectos esenciales de la cosmovisión, y se expulsaba mágicamente a la enfermedad.

Los textos histórico-legales

Los textos escritos con la finalidad principal de preservar la herencia material de los mayas, por lo que los hemos denominado libros histórico-legales, son crónicas, títulos de propiedad, tratados de tierras y probanzas de méritos y servicios, que fueron redactados por los miembros de algunas familias nobles, muchas veces a petición de las autoridades españolas, para confirmar la legítima posesión de las tierras, para solicitar privilegios o para limitar los tributos. Pero como los autores tratan de probar la nobleza de sus linajes y la antigüedad de ellos en la posesión de las tierras, muchos de los escritos son importantes textos históricos, que se inician con narraciones sobre los orígenes, y proporcionan un rico acervo de datos sobre el devenir y la organización política y social de los antiguos mayas, y otros ponen el énfasis en registrar los acontecimientos de la conquista española y dan una valiosa información sobre la sociedad colonial.

Los libros histórico-legales eran presentados ante las autoridades coloniales, principalmente en los litigios de tierras o sobre los tributos, como prueba de los derechos del grupo, y eran también libros comunitarios, que estaban en manos de las familias de principales y se heredaban de padres a hijos.

Casi todos los autores declaran el motivo que los llevó a escribir, que va desde el deseo de que su linaje sea conocido, hasta problemas concretos. Por ejemplo, el *Texto chontal* prueba que Pablo Paxbolon compareció ante el escribano público Juan Bautista: "y dijo que tenía necesidad que tomasen los dichos de los viejos porque quiere saber y oír cómo empezó y cómo vienen sus abuelos y padres, reyes antiguos; lo cual declararon y dijeron los que se nombran Alonso Chagbalam y Luis Tuzin, muy viejos".

Mucho más explícitos son los autores del *Códice de Calkiní*, las *Historias de los Xpantzay* y el *Título de San Cristóbal Verapaz (Cagcoh)*. El primero afirma haber escrito para que no se olvidara el trato de los calkinienses y los mopilaenses sobre los límites de su territorio: "Nada de pleitos ni envidias. Ni nadie deberá gritar porque no sea suyo (el bosque). Ésta es la causa de que demos el título, nuestra palabra, nosotros los calkinienses, para que sea visto por los hijos de los mopilaenses que vienen atrás". El segundo, dirigiéndose a sus hijos, declara: "Si por acaso os hiciere mal don Francisco Ordóñez y dijere que no tenéis linaje, hijos míos, ya veo que querrá provocar un pleito. Por eso me pongo ahora a escribir vuestra estirpe, vuestro nacimiento". Y los pokomchís, por su parte, expresan en el *Título de San Cristóbal Verapaz (Cagcoh):* "Lo que nosotros queremos es que en ningún tiempo se llegue a perder nuestro testamento que nos dejaron nuestros abuelos, mediante la voluntad de Dios y (de) nuestro gobierno, a quien clamamos en todo tiempo, que se ofrece y para que conste, lo firmamos nosotros los Alcaldes en el año 1785".

Muchos de estos textos, por su carácter legal, no fueron realizados con la libertad que se advierte en los libros sagrados, sino que predomina en ellos la necesidad de ajustarse a los requerimientos de los españoles. Por ejemplo, en los títulos quichés hay un especial interés por mostrar sus relaciones con la familia reinante de Utatlán, porque ello les permitía obtener mayores privilegios. En algunos casos, los misioneros pedían a los nativos adaptar la historia de sus migraciones a los relatos bíblicos, quizá con el fin de que fueran mejor tratados por los encomenderos. Es posible que por ello encontremos tan marcada influencia cristiana en la parte cosmogónica de libros como el *Título de Totonicapán.*

Así, mientras que en los libros sagrados se hallan los mitos cosmogónicos indígenas, incluso con ideas que se contraponen a las cristianas, como la de que los hombres hechos de barro no sirvieron y se deshicieron con el agua, en los textos histórico-legales se presentan versiones del Génesis adaptadas a la propia historia y también al entorno indígena; los mayas son en ellos hijos de Adán, la primera pareja perdió el Paraíso, y relatan incluso su salida de Egipto y el cruce por el Mar Rojo. Por ejemplo, el *Título de Pedro Velasco,* dice: "Vinimos del Paraíso Terrenal porque fue comido el *zapote* prohibido", ajustando así el relato bíblico a sus propias costumbres alimenticias.

Es obvio que los autores de estos últimos textos no estaban muy influidos por el cristianismo, como afirman algunos estudiosos, sino que buscaban un beneficio material o al menos, no ser despojados de sus escasos bienes, como lo dicen ellos mismos. Sin embargo, estos textos no dejan de ser importantes documentos para el conocimiento de la historia e instituciones de los mayas prehispánicos y de la organización política y social de la Colonia.

VII. CONTENIDO DE LOS LIBROS SAGRADOS

DESDE un punto de vista formal, no todos los textos mayas pueden ser considerados como obras literarias, pues mientras que algunos de ellos son verdaderas obras poéticas en las que destaca la riqueza del lenguaje y de recursos estilísticos: los que hemos denominado "libros sagrados de la comunidad", la mayoría está formada por documentos de carácter legal, que tienen principalmente un valor histórico: los libros histórico-legales. Así, fue sobre todo en los escritos de carácter religioso, y en algunos textos históricos y médicos, donde los mayas expresaron su sensibilidad poética, su capacidad imaginativa y su riqueza espiritual, por lo que son éstos los libros que, a nuestro parecer, constituyen la principal aportación maya a la literatura universal.

Al igual que todas las literaturas de las grandes culturas pregriegas del Viejo Mundo y las orientales, los escritos literarios de los mayas son primordialmente una manifestación de las vivencias religiosas y de la preocupación histórica, y fueron realizados con un fin práctico, no con un fin propiamente artístico. Además, los libros revelan una mentalidad y una concepción *sui generis* del mundo y de la vida, de ahí que sea muy difícil hacer una clasificación de ellos basándose en los géneros literarios clásicos establecidos en la cultura occidental, pues, de acuerdo con este criterio, resultaría que casi todas estas obras son a la vez épicas, líricas, dramáticas, didácticas e históricas. Sin embargo, los diversos temas que contienen los libros determinan ciertas diferencias estilísticas, lo que nos permite dividir la obra escrita de los mayas en cinco grandes grupos: literatura mítica; literatura profética; literatura ritual; literatura médica, astronómica y calendárica, y literatura histórica y legendaria.

En los puntos anteriores he resumido el contenido particular de los principales textos mayas, y me he referido a la temática para tratar de explicar el sentido y la finalidad de la creación de estos escritos. Aquí daré una visión general del contenido de los libros sagrados de la comunidad, destacando los temas concretos que, a mi parecer, son medulares en la literatura maya, ya sea porque son comunes a los textos de todo el territorio maya, o porque aparecen en la mayoría de los escritos de una de las regiones, y presentaré algunas consideraciones sobre el estilo de estos libros.

LITERATURA MÍTICA

Intercalado en los escritos históricos, en las profecías, en los textos médicos, etc., hay un importante material mítico en las obras mayas. Encontramos desde relatos aislados hasta los grandes mitos cosmogónicos que tratan de dar una explicación general del universo.

Entre los mitos particulares, que a veces están integrados a los relatos cosmogónicos, tenemos, por ejemplo, los del origen del fuego *(Anales de los cakchiqueles* y *Popol Vuh);* la explicación de las características físicas de ciertos animales *(Popol Vuh);* el origen del tiempo *(Chilam Balam de Chumayel);* el origen de la oscuridad y de la noche *(Anales de los cakchiqueles);* el castigo a la soberbia *(Popol Vuh);* el nacimiento milagroso de los héroes culturales *(Popol Vuh).*

En los relatos míticos se menciona a diversas deidades, por ejemplo: patronos de actividades humanas: Hunbatz y Hunchouen, de los flautistas y artesanos *(Popol Vuh)* y Cit Bolón Tun, de los médicos *(Libros de Chilam Balam);* guardianes de la naturaleza, como Zaquicoxol, del fuego *(Anales de los cakchiqueles);* dioses tribales, como Tohil, de los quichés *(Popol Vuh);* provocadores de las enfermedades, como los dioses de Xibalbá o inframundo *(Popol Vuh* y *Ritual de los Bacabes);* los dioses de los puntos cardinales o Bacabes *(Libros de Chilam Balam, Ritual de los Bacabes),* etcétera.

Hay también varios mitos que explican el origen de los rituales, como el de Tolgom, "el hijo del lodo que tiembla" (la ciénaga), que es asaeteado por los cakchiqueles durante su peregrinación, relato que fundamenta el ritual de sacrificio por flechamiento, el cual se realizaba cada año en el mes Uchum, quinto del calendario cakchiquel *(Anales de los cakchiqueles).* Otro mito de este tipo es el de Tohil, dios protector de los quichés: el principal problema de las tribus durante su peregrinación desde Tulán era que no tenían fuego, pero éste les fue dado a los quichés por Tohil, y cuando las demás tribus lo piden, el dios demanda a cambio el sacrificio de venados, de aves y de hombres. Aquí se explica el origen del sacrificio humano por extracción del corazón *(Popol Vuh).* También en el *Popol Vuh* encontramos expresado míticamente el origen del rito de adivinación con granos de maíz: en el proceso de formación del hombre aparecen los adivinos Ixpiyacoc e Ixmucané, quienes, por medio de los granos, pronostican que serán buenos unos hombres hechos de madera.

Pero la expresión religiosa más importante en los libros sagrados es el mito cosmogónico maya, que aparece en el *Popol Vuh,* los *Anales de los cakchiqueles* y los *Libros de Chilam Balam.* Estos relatos del origen del cosmos son fundamentales también para conocer las ideas cosmológicas y las ideas que del hombre y los dioses tuvieron los mayas prehispánicos, y revelan, asimismo, que tanto los mayas de la península de Yucatán como los de Guatemala compartieron la misma cosmovisión con los grupos nahuas, lo que expresa un trasfondo de creencias religiosas comunes a nivel mesoamericano.

Es esencial destacar que varios símbolos que hallamos en los libros sagrados, fundamentalmente en los mitos cosmogónicos, revelan estructuras comunes a múltiples textos religiosos del mundo, porque ellos manifiestan las respuestas que el ser humano ha dado a los principales problemas existenciales, como qué es el mundo, de dónde vino, qué es el hombre, cuál es el sentido de su existencia, qué son la vida y la muerte, por qué hay una racionalidad inherente al mundo.

El mito cosmogónico del *Popol Vuh* es el más completo y significativo entre los mitos mesoamericanos sobre el origen. Relata la creación como un proceso que va desde la decisión de los dioses de crear el cosmos, hasta la formación del hombre, que completa y da sentido a la obra de los dioses. En los *Anales de los cakchiqueles* no se menciona la creación de la naturaleza, sino únicamente la formación del hombre, y el mito aparece después de que se ha iniciado el relato de la historia del pueblo cakchiquel; pero es notablemente semejante al mito del *Popol Vuh*. En los *Libros de Chilam Balam,* fundamentalmente en el de Chumayel, sí encontramos, aunque en textos inconexos, las ideas sobre el origen del mundo y algunas oscuras menciones del origen del hombre. Estos fragmentos están escritos, como casi todos los textos míticos de los *Libros de Chilam Balam,* en un lenguaje enigmático, plagado de términos cristianos, por lo que, a primera vista, parecería que se trata de mitos cosmogónicos diferentes a los quichés y cakchiqueles; pero un análisis cuidadoso de ellos, estableciendo una comparación de su contenido con el de los mitos de Guatemala y los nahuas, nos ha permitido saber que, a su manera, los mayas de Yucatán expresaron las mismas ideas cosmogónicas básicas que aquéllos.

El mito del *Popol Vuh,* armónicamente estructurado, se inicia con la imagen de los dioses creadores, situados en un escenario estático de mar y cielo, donde se llevará a cabo la obra de creación. El agua aparece en este mito como el principio generador mismo, ya que se identifica con los dioses creadores. Éstos son llamados (entre otros nombres) Tepeu y Gucumatz, nombres ambos de Quetzalcóatl, el dios creador del mito náhuatl. En la narración del manuscrito cakchiquel no se mencionan estos dioses, y en el *Chilam Balam de Chumayel* el principio vital que sostiene al mundo aparece como Canhel, una "serpiente de vida con los cascabeles de su cola", lo que claramente alude a Quetzalcóatl, la serpiente emplumada.

En el *Popol Vuh* el mundo surge de la palabra de los dioses, que es fuerza mágica y energía creadora; por medio de esta fuerza, la tierra emerge de las aguas y se forman los valles y las montañas. En seguida son creados los animales, cuya aparición es explicada como una necesidad de romper la inmovilidad y el silencio, es decir, de dar movimiento al mundo. El *Chilam Balam de Chumayel* expresa la misma idea de dinamismo, pero de una manera más abstracta: lo primero que se crea es el tiempo, y una vez dinamizado el espacio, aparecen los distintos seres: "Cuando no había despertado el mundo antiguamente, nació el Mes y empezó a caminar solo… nacido el Mes creó el que se llama Día y creó el cielo y la tierra, por escala: agua, tierra, piedras y árboles".

Sobre los animales, que no son mencionados en el texto cakchiquel ni en el de Chumayel, el *Popol Vuh* señala que los dioses les repartieron sus moradas y les pidieron que hablaran, que los invocaran por haberlos creado. Pero los animales no pudieron hablar y los dioses los destinaron a habitar en los barrancos y los bosques, y los condenaron a ser comidos y utilizados por el hombre, lo cual expresa ya la meta de la creación: formar seres que reconozcan y veneren a los dioses. Este propósito se confirma cuando los dioses deciden: "¡A probar otra vez! Ya se acerca el amanecer y la aurora; ¡hagamos al que nos sustentará y alimentará! ¿Cómo haremos para ser invocados, para ser recordados sobre la tierra? Probemos ahora hacer unos seres obedientes, respetuosos, que nos sustenten y alimenten. Así dijeron".

En este fragmento se hace patente el concepto que del hombre, el mundo y los dioses tuvieron los mayas prehispánicos. Al decirnos que el objetivo de los dioses al crear el mundo no es sólo que haya quienes los reconozcan y los veneren, o sea, seres conscientes, sino también la necesidad de los dioses de ser alimentados, nos dan a conocer que para los mayas sustentar a las deidades es su misión esencial sobre la tierra, y que los dioses no son perfectos, sino que requieren ser nutridos por los hombres para poder subsistir. Así, los dioses dependen de los hombres, como los hombres dependen de los dioses. El hombre, por esta responsabilidad existencial, aparece como un ser diferente de los otros que habitan el mundo.

A partir de este momento, en que se pone de manifiesto que la creación del hombre es lo que da sentido a la creación del universo, el relato del *Popol Vuh* se concentra en los intentos de los dioses de formar hombres conscientes. Hacen primero a un hombre de barro, pero fracasan, pues estos seres no tenían entendimiento y se deshicieron con el agua. Después modelan hombres de madera que aunque andaban a gatas, hablaban y se multiplicaban; pero tampoco reconocieron a los creadores, y fueron aniquilados por medio de un diluvio de resina ardiente y de agua, en tanto que sus descendientes subieron a los árboles y se convirtieron en monos.

Al describir las carencias de estos hombres fallidos de madera, el mito da a conocer, por contraste, lo que los quichés consideraban las notas definitorias de la condición humana. El no reconocer a los creadores significa que no tuvieron las cualidades propiamente humanas (no tenían conciencia, no tenían sangre ni humedad y andaban a gatas). Ello expresa que la forma humana, la existencia e incluso la multiplicación no bastan para ser hombre; lo que hace al hombre humano es el espíritu, entendido aquí como entendimiento y memoria; y éste está esencialmentre ligado al principio vital: la sangre. Así, para el maya, la conciencia humana sólo puede radicar en un ser vivo, con sangre y humedad; esto, o sea, la materia que constituye el cuerpo, es lo que determina la existencia del espíritu. Además, también advirtieron que es esencial la forma, pues la posición erguida es otro de los condicionantes de la condición humana, como lo confirma la teoría de la evolución, comprobada por la genética evolutiva. Por eso los "hombres" de madera se convirtieron en monos.

Esta catástrofe cósmica es mencionada también en varios fragmentos del *Chilam Balam de Chumayel,* del *Chilam Balam de Maní* y del *Ritual de los Bacabes,* y coincide con la desaparición del universo narrada en el mito de los nahuas, lo que corrobora también la comunidad de creencias, respecto del origen, en Mesoamérica.

El texto de Chumayel menciona la formación de un hombre de barro, después de la creación del tiempo, y habla en otro fragmento de unos hombres que fueron gigantes y que procedían de unos seres semidivinos llamados Guerreros; pero pone el énfasis en la descripción de la catástrofe, que sobrevino porque los nueve dioses del inframundo (Bolontikú) robaron el principio de vida (Canhel, la serpiente emplumada) a los 13 dioses de los cielos (Oxlahuntikú), lo que ocasionó la destrucción del mundo y de los hombres: "Y fueron enterrados por la orilla de la arena en las olas del mar. Y entonces, en un solo golpe de agua, llegaron las aguas. Y cuando fue robada la Gran Serpiente, se desplomó el firmamento y hundió la tierra".

El mito del libro de Chumayel coincide con el mito náhuatl, que también refiere la existencia de gigantes en uno de los soles y la destrucción cósmica por agua, por lo que podemos pensar que igualmente alude a varias edades previas en las que vivieron distintas clases de hombres; y el *Popol Vuh* coincide con ambos al referir, además de la catástrofe, la existencia anterior de diferentes hombres. En cuanto al libro de los cakchiqueles, concuerda con el *Popol Vuh* y con el *Chilam Balam de Chumayel* al mencionar al hombre de tierra que no respondió al propósito de los dioses.

Viene después en el *Popol Vuh* el mito de la creación del Sol y la Luna de la tercera edad, de tal modo que el relato de la aparición de los hombres de esta edad cósmica, aquellos que van a satisfacer el requerimiento de las deidades, y que son formados con masa de maíz, se inserta posteriormente para coincidir con el origen de los astros.

Este mito, con algunas variantes, es mencionado también por cronistas españoles, como fray Juan de Torquemada (el historiador) en su *Monarquía indiana*. En las distintas etapas de la creación de los hombres aparecen diversos soles que, como los seres humanos, eran imperfectos y por ello fueron destruidos. El de la segunda edad fue Vucub Caquix (Siete Guacamayo), quien por su soberbia y su vanidad fue aniquilado. El mito de la creación del Sol y de la Luna de la tercera edad es un rico pasaje, en cuanto a imágenes simbólicas, que narra las hazañas de los héroes gemelos Hunahpú e Ixbalanqué. Después de destruir al falso Sol de la segunda edad, los gemelos bajan a jugar a la pelota en el inframundo con los dioses de la muerte, son sometidos a varias pruebas, mueren y renacen convertidos en los astros. Se trata así de un mito claramente iniciático. En el libro se da por supuesto que es éste el Sol que aparece en el cielo cuando ya las tribus humanas estuvieron establecidas.

El mito solar revela también el sentido simbólico del juego de pelota que, aunque a la llegada de los españoles tenía un carácter más profano que religioso, debe de haber sido antes un importante ritual, como lo muestra la existencia de campos de juego en los centros ceremoniales. Entre los nahuas, el juego simbolizaba, entre otras cosas, la lucha de los astros en el cielo, la pugna de las fuerzas luminosas contra las fuerzas oscuras; los mexicas presentan a su dios Huitzilopochtli (el Sol) luchando en el campo de juego contra Coyolxauhqui y los Centzonhuitznahuac (la Luna y las estrellas), a quienes derrota. En el libro quiché, el juego parece estar también aludiendo al movimiento de los astros, sólo que no presenta una oposición entre la Luna y el Sol, sino entre los seres luminosos (Sol y Luna) y los seres de la oscuridad (los dioses del inframundo), por lo que la lucha no sólo simboliza la dinámica astral, sino también la pugna de los principios de vida, representados por los seres celestes, y los principios de muerte, encarnados en los seres infraterrestres, de la cual resultan vencedores los primeros.

En el *Popol Vuh* y en los *Anales de los cakchiqueles* se encuentra después el relato de la aparición de los hombres actuales, los "hombres verdaderos", aquellos que van a satisfacer el requerimiento de las deidades, y que son formados de masa de maíz, mezclada con sangre de danta y de serpiente. Ésta es la parte toral del mito cosmogónico. Después de haber fracasado dos veces en la creación de los seres humanos, los dioses dicen: "Ha llegado el tiempo del amanecer, de que se termine la obra y que aparezcan los que nos han de sustentar y nutrir, los hijos esclarecidos, los vasallos civilizados; que aparezca el hombre, la humanidad, sobre la superficie de la tierra".

Tanto el texto quiché como el cakchiquel asientan que una vez que los dioses decidieron hacer al hombre de masa de maíz, varios animales participaron en la formación, consiguiendo el grano en una tierra de la abundancia llamada Paxil. En el mito náhuatl se señala la misma idea: las hormigas conducen a los dioses creadores al lugar donde se hallaba el maíz, también un sitio de la abundancia, llamado Tonacatépetl. Es este alimento, que fue y es la base de la subsistencia de los pueblos mesoamericanos, lo que va a permitir en los mitos que el nuevo hombre sea cualitativamente diferente de los anteriores, que sea un ser consciente; es decir, que para ellos no es el espíritu el que infunde vida a la materia, como ocurre en otras cosmogonías, sino la materia la que condiciona el espíritu. Pero no se trata de "materia" en el sentido moderno occidental, sino de una materia cualificada, divinizada: el maíz, la danta y la serpiente son seres sagrados de los mundos vegetal y animal, y la sangre, tanto de hombres como de animales, es el líquido divino que da la vida y contiene el espíritu. La idea habla también de una unidad cuerpo-espíritu durante la vida, aunque el espíritu es inmortal y permanece como una materia incorpórea tras la muerte del cuerpo, así como puede separarse del mismo en algunas situaciones de la vida.

Estos "hombres verdaderos" del *Popol Vuh* y los *Anales de los cakchiqueles* coinciden con los llamados "hombres amarillos" en el texto de Chumayel, que son los hombres de maíz, los mayas actuales; y corresponden también a los hombres creados por Quetzalcóatl en el Quinto Sol, cuyo alimento es el maíz, de los que habla el mito náhuatl.

En el *Popol Vuh* fueron cuatro varones los primeros hombres formados: Balam Quitzé (Jaguar Selva), Balam Acab (Jaguar Noche), Mahucutah (El que no permanece, Viajero) e Iqui Balam (Jaguar Negro), a los que los dioses dieron cuatro mujeres. Según los *Anales de los cakchiqueles,* fueron 13 hombres y 14 mujeres. En la primera obra no aparecen al mismo tiempo los varones y las mujeres, lo cual se debe a que los varones resultaron perfectos:

> Fueron dotados de inteligencia; vieron y al punto se extendió su vista, alcanzaron a ver, alcanzaron a conocer todo lo que hay en el mundo. Cuando miraban, al instante veían a su alrededor y contemplaban en torno a ellos la bóveda del cielo y la faz redonda de la tierra… Grande era su sabiduría; su vista llegaba hasta los bosques, las rocas, los mares, las montañas y los valles.

Los dioses interrogaron a los hombres, y al oír su respuesta y su agradecimiento por haber sido creados y por conocer todo se dieron cuenta de su perfección y esto les disgustó. Por ello, el mito asienta que las deidades les echan un vaho sobre los ojos para que "no vean más que un poco", es decir, les quitan la perfección, y una vez convertidos los cuatro primeros varones en seres contingentes, aparecen las mujeres, para dar alegría y compañía a los hombres y para engendrar a los hijos.

Aquí destaca la idea de que el ser humano se define por su inteligencia, por su conciencia (de sí mismo, del mundo y de lo sagrado) y por su lenguaje, pero no puede "ver todo"; en la vista están simbolizados la conciencia y el conocimiento, por lo que "ver todo" significa ser perfecto. Pero como el conocimiento absoluto sólo lo deben poseer los dioses, al hombre le fue restringido, porque es una criatura de los seres divinos de quienes depende; si el hombre poseyera el conocimiento absoluto, no tendría ninguna necesidad: no procrearía, no se multiplicaría ni veneraría a los dioses. Éstos no quieren a un hombre autosuficiente; las deidades "necesitan" a un hombre carente, que requiera de ellos, así como ellos requieren de los hombres para subsistir. El texto muestra así no sólo la naturaleza mortal de los dioses, sino la naturaleza humana como superior a la de los otros seres del cosmos, pero contingente y limitada, a pesar de su semejanza con los seres divinos. Sin embargo, para los quichés los hombres pueden, por su propia acción, desarrollar su conocimiento; así, la sabiduría no es dada, sino adquirida: el hombre se forma a sí mismo (como expresa el texto en varios otros fragmentos).

Y el estado inicial de perfección es un estado presexual, ya que originariamente los seres humanos son varones. La mujer aparece sólo como un complemento del hombre para la multiplicación a causa de la contingencia de los varones; el desdoblamiento sexual viene de la relatividad, de la limitación y de la necesidad de pervivir en el tiempo. La diferenciación sexual se explica aquí como expresión de la necesidad del tú, del otro, para ser y permanecer. Del mismo modo, el culto a los dioses se presenta como una necesidad humana: necesidad de apoyo de un ser superior para vencer la adversidad y lograr el cumplimiento de una vida plena. Así, los quichés pensaron que el hombre requiere trascenderse en los hijos y apoyarse en seres superiores a él para aliviar su insuficiencia.

Esta idea, que no aparece en el texto cakchiquel, ni en los *Libros de Chilam Balam,* ni en el mito náhuatl, tiene quizá alguna influencia cristiana, pues se parece a la pérdida del Paraíso en el Génesis; sólo que para los quichés la perfección se pierde limitando el conocimiento, mientras que en el Génesis se pierde adquiriéndolo, y la contingencia humana se explica por una decisión de los dioses, no por una falla del hombre, desconociéndose con ello la idea de un "pecado original". De manera significativa, la imperfección humana, para los mayas, es mengua de la visión, lo cual nos habla de un pueblo que concede a la sabiduría, al conocimiento, a lo que los griegos llamaron *theoría,* el estatus de la perfección.

Por otra parte, la idea expresada en el *Popol Vuh* es acorde con el sentido que tenía la vida del hombre para los pueblos prehispánicos: alimentar a sus dioses porque éstos son insuficientes, dependientes, sometidos al sustento que les deben dar los hombres; dioses antropomorfos, indudablemente, definidos por ese rasgo verdaderamente primordial de la vida que es la nutrición; tener que alimentarse físicamente de otro para vivir. Esta idea dista mucho de la hebrea, en la que Dios es omnipotente y perfecto. Así, aunque el escritor quiché pudiera haber tenido alguna influencia bíblica, el sentido esencial de esta parte del mito no es cristiano.

Después de su creación, los fundadores de los linajes quichés, los hombres de maíz amasado con sangre de danta y de serpiente, empiezan a multiplicarse y a buscar una forma de vida. Se mueven en un mundo nuevo, recién formado, todavía inmerso en la humedad y en la oscuridad, porque no había salido el Sol. Pero ya habían inventado el fuego y luchaban por él, y ya habían ofrendado su sangre al dios Tohil. Acompañados por él y los otros dioses, salen de Tulán e inician su peregrinación. Al llegar a las tierras donde fijarían sus residencias, habiendo constituido ya numerosas tribus, esperan la salida del Sol en la oscuridad y el frío de los bosques y montañas de su mundo nuevo, en ayuno y oración. "Entonces les amaneció y les brilló su aurora a nuestros abuelos y nuestros padres", dice el texto. Aparecen en el cielo el Sol, la Luna y las Estrellas. Los astros, resultado de la apoteosis de los gemelos Hunahpú e Ixbalanqué, inician su movimiento, recibiendo las ofrendas y sacrificios de los hombres, y con ello se completa la obra de creación del cosmos.

De este modo, en el *Popol Vuh* se entrelazan el mito y la historia: la explicación sagrada del origen del cosmos y del ser humano se prolonga en las aventuras de los antepasados, los fundadores de los linajes, en sus luchas con otros pueblos, que se dan mientras el mundo se termina de constituir. La misma idea de la aparición del Sol después de la de los hombres se manifiesta en el *Chilam Balam de Chumayel.*

Varios estudiosos han asociado a personajes del *Popol Vuh* con figuras representadas en vasijas y otras obras del periodo Clásico, sobre todo a los gemelos Hunahpú e Ixbalanqué. Asimismo, la lectura epigráfica del texto del tablero del Templo de la Cruz, en Palenque, narra la creación de la época actual del cosmos, el 13 de agosto de 3114 a.C.; esta creación es antecedida por el nacimiento de un demiurgo creador: Ixxim Muwaan Mat, el 2 de enero de 3120 a.C., que propicia el renacimiento de los principales dioses mayas que en Palenque se denominan GI, GII y GIII. La fecha del origen del mundo actual se halla también en la estela C de Quiriguá y en tres textos de la ciudad de Cobá. Estas lecturas indican que la tradición cosmogónica maya recogida en el *Popol Vuh*, en los *Anales de los cakchiqueles* y en el *Chilam Balam de Chumayel* puede proceder del periodo Clásico.

LITERATURA PROFÉTICA

En los *Libros de Chilam Balam* encontramos un buen número de profecías que no sólo ilustran sobre este aspecto esencial de la religión maya prehispánica, sino que dan a conocer que después de la Conquista persistieron las concepciones fundamentales de los mayas. Como ya hemos señalado, la elaboración de profecías se basó en un concepto cíclico del tiempo, por el cual se creía que los acontecimientos tanto naturales como históricos se repetían debido a que volvían a presentarse en cada ciclo las mismas cargas de influencias divinas que habían determinado los hechos en el lapso anterior del mismo nombre. Basándose en sus códices, donde estaban registrados los hechos, los sacerdotes preparaban sus profecías para darlas a conocer al pueblo. Y siglos después, en el *Chilam Balam de Chumayel,* uno de los escritores mayas asienta: "Estoy en 18 de agosto de este año de 1766. Hubo tormenta de viento. Escribo su memoria para que se pueda ver cuántos años después va a haber otra". Esto nos da a conocer que, por lo menos hasta el siglo XVIII, la creencia prehispánica básica de la recurrencia cíclica de los acontecimientos estaba vigente.

Las profecías contenidas en los *Libros de Chilam Balam* se refieren a tres tipos de periodos: los katunes (20 tunes), los tunes (años de 360 días) y los kines (días).

Las predicciones katúnicas *(Chumayel, Káua, Maní, Tizimín)* constituyen dos series completas y una incompleta, y no se inician con el Katún 13 Ahau, sino con el 11 Ahau, debido a que éste fue el katún de la llegada de los españoles. Las predicciones túnicas *(Maní, Tizimín)* se refieren sólo a una rueda de 20 tunes, correspondiente a un Katún 5 Ahau; el ciclo se denomina Cuceh, "lo que gira". Las predicciones diurnas *(Ixil, Káua, Tizimín, Maní)* son las del Sansamal Kin Xoc, "La cuenta diaria de los Días" de un año, que señala si un día es bueno o malo, y que servía como fundamento para las actividades generales; y las del *Chuenil Kin Sansamal,* "Artificio diario de los Días", que señala las influencias de los 20 días del calendario ritual.

Hay en los *Libros de Chilam Balam (Maní, Chumayel* y *Tizimín)* otro tipo de predicciones que, precisamente, se titulan "Profecías"; se adjudican a cinco sacerdotes mayas llamados Napuctun, Ah Kauil Chel, Nahau Pech, Natzin Yabun Chan y Chilam Balam. Son profecías fatalistas que anuncian la llegada de extranjeros, de una nueva religión y de un tiempo de miseria y sufrimiento, por lo que se relacionaron con la conquista española. Pero en realidad, a causa de la idea cíclica de la historia, en ellas se confunden acontecimientos como el retorno de los itzáes, que se consideraban extranjeros, y el yugo español; la adoración de Kukulcán, introducida por los toltecas, y el cristianismo. En general, en todos los textos proféticos se entremezclan acontecimientos del pasado y el futuro, ya que, para ellos, ambos son resultado de la misma carga de influencias divinas del katún.

Los textos proféticos son ricos en contenido religioso, histórico y moral, pues mencionan un gran número de deidades, incluyen ideas cosmogónicas y cosmológicas, y generalmente se refieren a situaciones sociopolíticas en las que hay un relajamiento de las costumbres. Casi todas las predicciones anuncian desgracias, en un tono de desesperada resignación, quizá por haber sido escritas precisamente en una época de destrucción, violencia y atropello de los hombres y las creencias mayas.

Sin embargo, en el periodo Clásico hubo también textos proféticos, y la idea de la historia como repetición de las influencias de los dioses, según los ciclos temporales, se desarrolló simultáneamente a la estructuración de la escritura y los calendarios, que responden al concepto cíclico de la temporalidad.

LITERATURA RITUAL

Al lado de las narraciones míticas y proféticas, y también escritos con una gran riqueza conceptual y expresiva, están los textos rituales, constituidos por himnos sagrados, oraciones, cantos diversos y dramas. Todos ellos eran parte esencial de las celebraciones religiosas, que en la época prehispánica se sucedían sin interrupción, y constituyen la actualización dramatizada de los mitos, en que consiste primordialmente el ritual.

Durante la época colonial, las representaciones dramáticas y los textos rituales se actualizaban en los "bailes del *tun*". Esas ceremonias clandestinas eran muy semejantes a las prehispánicas: se hacían danzas, cantos, oraciones, ofrendas de flores y de incienso, sacrificios de animales y de seres humanos (muchas veces con la nueva forma aprendida de los españoles: la crucifixión). Sólo que los rituales tenían un nuevo ingrediente, como dijimos antes: la finalidad de contraponerse a la evangelización.

Los textos rituales, entre los que destacan el libro de *Los cantares de Dzitbalché,* el *Rabinal Achí* y el *Baile de la Conquista,* están escritos con el lenguaje simbólico que responde a la forma peculiar de conceptualización del maya, pero su lenguaje es más simple que el de los textos míticos.

Los cantares de Dzitbalché constituyen un claro ejemplo de los textos que acompañaban a las danzas rituales. Entre ellos encontramos oraciones que se pronunciaban en las ceremonias religiosas, dedicadas generalmente al Sol, como dador de la vida; revelan éstas el vitalismo de los mayas, que es expresado también en las plegarias a los dioses de las que habla el *Popol Vuh,* en las cuales piden alimentos, hijos, y larga y buena vida para ellos. Hay también un ejemplo de las oraciones que pronunciaban los médicos en los ritos curativos, y varios cantos, que van desde los himnos sagrados que acompañaban a los rituales más importantes, como los de sacrificio humano, hasta cantares para la ceremonia de bodas e, inclusive, para ritos secretos que hacían las mujeres en un lugar apartado, con el fin de seducir o retener al hombre amado. Pero algunos de ellos parecen ser sólo líricos, es decir, la expresión de una vivencia subjetiva, interna y personal, como el Cantar 8, que es el lamento de un huérfano por su condición de soledad y de abandono, y el Cantar 14, que comunica una emoción de alegría provocada por el canto de las aves:

> Pues si hay alegría
> en los animales,
> ¿por qué no se alegran

nuestros corazones? Si así son
ellos al amanecer:
¡bellísimos!
¡Sólo cantos, sólo juegos
pasan por sus pensamientos!

Estos cantos líricos son sencillos y emotivos, muy distintos de las oscuras y complejas obras míticas y proféticas. Asimismo, los cantos rituales, los himnos y las oraciones usan metáforas más simples. Por ejemplo, en los cantares para la danza del sacrificio por flechamiento, se dice al que va a ser sacrificado:

Endulza tu ánimo, bello
hombre; tú vas
a ver el rostro de tu Padre
en lo alto. No habrá de
regresarte aquí sobre
la tierra bajo el plumaje
del pequeño Colibrí o
bajo la piel
del bello Ciervo
del Jaguar, de la pequeña
Mérula o del pequeño Pajuí.
                              [Cantar 1]

Y al flechador se le dice:

Bien untado has
grasa de ciervo macho
en tus bíceps, en tus muslos,
en tus rodillas, en tus gemelos,

en tus costillas, en tu pecho.
Coge tu arco, ponle su dardo...
apúntale al pecho

[Cantar 13]

Es probable que esta sencillez, en comparación con el lenguaje mítico, se deba a que se trata de un canto, no de un intento de explicación del mundo y sus fenómenos, como ocurre en los mitos cosmogónicos; y, además, en el rito eran igualmente importantes el ademán, la danza, la música y la palabra.

Pero había rituales más complejos que las danzas y los cantos, que consistían en la escenificación del acontecimiento, sobre la base de un texto dialogado; éste era aprendido de memoria por actores que caracterizaban a los personajes mediante múltiples atavíos, máscaras y otros recursos. La representación se acompañaba de música y danza, y estaba a cargo del Holpop o maestro de ceremonias, quien, de manera semejante al corega del primitivo teatro griego, hacía las funciones de director. El *Rabinal Achí,* es la obra más importante con estructura dramática que ha llegado hasta nosotros, y confirma las referencias de los cronistas españoles sobre este tipo de representaciones en la época prehispánica, que tenían, esencialmente, un sentido ritual.

Se ha dicho que esta obra se transmitió oralmente por varias generaciones hasta que uno de sus depositarios, Bartolo Sis, decidió escribirla para asegurar su pervivencia; asimismo, se ha dicho que es un texto de contenido histórico por tener el siguiente asunto: los rabinalenses capturan, someten a un interrogatorio y, finalmente, sacrifican a un guerrero quiché que les había ocasionado un daño. Pero, de acuerdo con el análisis que del libro ha realizado René Acuña es muy posible que se trate de un texto ritual, "que pertenece a una clase de bailes o ritos gladiatorios, cuyo uso persistió desde el siglo XVI, hasta finales del XVIII, a pesar de las periódicas prohibiciones, civiles y eclesiásticas, que solamente demuestran su tenaz supervivencia". Y también parece verosímil su hipótesis de que el libro no fue transmitido oralmente, sino que existió un manuscrito que, como los otros textos religiosos e históricos, fue heredado de generación en generación hasta llegar a Bartolo Sis.

El libro da a conocer que los ritos de sacrificio humano se acompañaban de un estricto y variado ceremonial, y que esta forma de muerte dignificaba y sacralizaba a los hombres. Al mismo tiempo, su cuidadosa conservación dentro de la comunidad, y las normas que regían este tipo de teatro religioso, nos expresan que las representaciones dramatizadas de los ritos eran, ellas mismas, actos rituales.

Otra obra teatral fue *Zacxicocxol* o *Baile de la Conquista* también de los quichés, con una versión en castellano. Se supone que el baile-drama fue escrito en el siglo XVI y que se representó durante los tres siglos de la Colonia. Se ha conservado hasta la actualidad por tradición oral y su asunto es la derrota del rey quiché Tecún Umán por Pedro de Alvarado. Una de las versiones es la titulada *Diálogo u "original" del baile de la Conquista*, cuyo texto se ha rescatado gracias a un informante de San Pedro la Laguna. En esta obra los personajes son 14 caciques aliados, cuyos ejércitos apoyan a Tecún Umán, siete hidalgos castellanos bajo la orden de Pedro de Alvarado y dos hijas del rey Quicab, a las que llaman Malinches, porque en un momento de la obra una de ellas ofrece su ayuda a Alvarado.

En los *Libros de Chilam Balam* hay algunos textos rituales, entre los que se encuentra el "Lenguaje de Zuyúa", una serie de acertijos que el jefe supremo, el *halach uinic,* ponía como prueba a los gobernantes de las provincias o *bata-boob,* para comprobar su derecho a gobernar, adquirido por pertenecer a la nobleza. Se trata de un lenguaje esotérico, aunque utiliza imágenes simples e ingenuas, generalmente asociadas con la comida. Las adivinanzas aparecen acompañadas de la explicación de su significado:

"Traedme el Sol, hijos míos, para tenerlo en mi plato. Hincada ha de tener la lanza de la alta cruz en el centro de su corazón en donde tiene asentado a Yax-Bolon, Jaguar-verde, bebiendo sangre. Esto es habla de Zuyúa". "Esto es lo que se les pide; el Sol es un gran huevo frito y la lanza con la alta cruz hincada en su corazón a que se refiere es la bendición, y el jaguar verde sentado encima bebiendo sangre, es el chile verde cuando comienza a ponerse colorado. Así es el habla de Zuyúa."

Literatura médica, astronómica y calendárica

Hay en la literatura maya varios textos médicos, que provienen de la tradición prehispánica, así como algunos escritos relativos al calendario maya y que tocan asuntos astronómicos, pero que de ninguna manera son una continuación de los grandes cálculos matemáticos, astronómicos y cronológicos de los antiguos mayas, sino sólo un afán de explicar el calendario maya y algunos fenómenos naturales, ya bajo la influencia del pensamiento occidental.

Si estos textos han sido considerados, en cierto modo, científicos, por los temas que tocan, no por ello ha de pensarse que los mayas (ni los prehispánicos, y menos aún los de la Colonia) desarrollaron una ciencia pura y teorética, como la ha entendido, en gran medida, la cultura occidental; pues aunque los grandes logros de los mayas prehispánicos puedan ser un conocimiento verdadero con valor científico, la actitud de sus creadores no fue de un interés meramente cognoscitivo e intelectual, sino una actitud religiosa y práctica, que responde a su peculiar concepción del cosmos. Por ello, los libros de medicina maya, que transmiten los conocimientos médicos anteriores a la Conquista, son esencialmente prácticos y con un alto sentido religioso, y las explicaciones del calendario son astrológicas, es decir, ponen el acento en las cargas de influencias divinas que el tiempo traía sobre los hombres, según los antiguos mayas.

Además de los escritos incluidos en los *Libros de Chilam Balam de Ixil, de Tekax* y *de Káua,* que describen síntomas y curaciones de varias enfermedades, hay algunos manuscritos cuyo contenido es exclusivamente médico, que datan de los siglos XVIII y XIX, pero que provienen de antiguas fuentes. Ellos son los llamados *Libros del judío* y el *Ritual de los Bacabes.*

El título de *Libros del judío* que han recibido varios textos quizá deriva de una obra de Ricardo Ossado, alias "el judío", quien, según se dice, curaba las enfermedades mediante hierbas y otros remedios indígenas. Estos manuscritos, de los cuales los primeros cinco están escritos en maya y los cinco restantes en español, son: *Libro del judío; Libro de medicina maya; Libro de medicina maya de Sotuta; Libro del judío de Sotuta; Cuaderno de Teabo; Apuntes sobre algunas plantas medicinales de Yucatán; El libro de los médicos yerbateros de Yucatán o noticias sobre yerbas y animales medicinales yucatecos sacados de los antiguos libros mayas de Chilam Balam, calendarios y demás cosas curiosas; Noticias de varias plantas y sus virtudes; Yerbas y hechicerías del Yucatán.* Otra obra es la compilación de Juan Pío Pérez llamada *Recetarios de indios en lengua maya.*

El *Ritual de los Bacabes,* por su carácter principalmente mágico y religioso, puede también ser considerado como un libro ritual. Dice Ramón Arzápalo:

> Los 68 textos que componen la obra son conjuros para la curación de enfermedades, producto de una armoniosa combinación de conocimientos médicos, botánicos [incluyendo plantas psicoactivas, como las del grupo *Solanum* spp.], mágicos y religiosos, presentados en un lenguaje literario y esotérico.

Los conceptos, las deidades, los datos sobre plantas medicinales y psicoactivas, y el estilo literario son puramente mayas, al parecer con muy poca influencia europea, por el escaso número de préstamos del español.

Muchos males parecen ser enfermedades psicosomáticas, como las causadas por brujería. En las fórmulas curativas se invoca a los principales dioses, entre ellos a las deidades maléficas que provocan las enfermedades. Pero un sitio principal lo ocupan los Bacabes, dioses de los cuatro puntos cardinales y ordenadores del mundo. Se alude a las ideas cosmogónicas (sobre el origen del cosmos) y cosmológicas (sobre la estructura del cosmos).

En cuanto a los textos calendáricos y astronómicos, en el *Códice Pérez* y en el *Chilam Balam de Tizimín* hay una "explicación del calendario maya", que describe el calendario solar llamado por los mayas de Yucatán *Haab,* constituido por 18 meses de 20 días, más cinco días sobrantes, considerados fatales. El texto se refiere a ellos como: "Los más

temibles, los de mayor pena por el temor de muertes inespe-
radas y peligros de ser devorados por el jaguar. En ellos todo
era malo: mordeduras de serpientes venenosas en el monte
y golpe de ramas ponzoñosas a los hombres, según decían".

Este fragmento explica también los signos de la matemática maya, para comunicar cómo contaban los años los
antepasados. Menciona, asimismo, el calendario ritual de
260 días afirmando que se han hecho dibujos explicativos
de todo esto. El autor dice haber copiado este texto de unas
pinturas, y registra su nombre, Diego Chi, así como la fecha, 16 de julio de 1689, agregando: "Pero lo que escribo
no es nada meritorio, sólo para que sepan las cosas en que
pasaban su vida nuestros antepasados en la época de su ce-
guera…"

En el *Chilam Balam de Chumayel* hay también un pasaje sobre el calendario maya. Presenta los nombres de los
meses, con su equivalencia en el calendario gregoriano;
menciona los equinoccios y los solsticios, y explica la trayectoria del Sol, y los eclipses de Sol y de Luna, ilustrando
su exposición con dibujos. El autor de este texto no está
tratando de hacer pervivir los conocimientos de sus antepasados, sino de dar a conocer al pueblo estos fenómenos,
pues dice: "Se explica para que sepan los hombres mayas
qué es lo que le sucede al sol y a la luna".

Literatura histórica y legendaria

En la mayor parte de los libros mayas encontramos textos
históricos, pues el registro de los hechos del pasado parece
haber sido una de las preocupaciones esenciales de los hombres mayas en el momento de la Conquista, ya fuera por el

afán de mantener su identidad y su dignidad como pueblo frente al nuevo orden implantado por los españoles; por la necesidad de conocer el futuro, con base en el concepto cíclico de la historia, o por confirmar la nobleza de sus linajes para conservar sus tierras y obtener privilegios. Así, relataron acontecimientos tanto del pasado prehispánico como de la Conquista y los primeros siglos de la Colonia, aprovechando las cualidades expresivas del alfabeto latino, que les permitió integrar en forma narrativa los datos consignados en sus códices y sus tradiciones orales. Estos textos históricos indígenas forman parte de las fuentes básicas para el conocimiento de la historia de los mayas prehispánicos del periodo Posclásico, y proporcionan valiosa información sobre el contacto cultural en la Colonia.

Entre las narraciones históricas destacan las migraciones de los xiúes y los itzáes, y la historia del pueblo quiché. Las primeras aparecen en varios *Libros de Chilam Balam;* la segunda, en casi todos los textos de Guatemala. Tanto los xiúes como los quichés, ponen el énfasis en su origen en Tulán (quizá la Tula tolteca del Altiplano Central), y en la historia quiché sobresale la presencia de dos grandes reyes: Gucumatz (identificado con Kukulcán-Quetzalcóatl) y Qikab, así como la del gobernante supremo de todos los grupos, Nacxit, sin duda asociado con la figura legendaria de Ce Ácatl Topiltzin Acxitl Quetzalcóatl, fundador de Tula, personaje que también aparece mencionado en el *Chilam Balam de Chumayel.*

Los grupos más importantes de la historia del periodo Posclásico en Yucatán parecen haber sido los xiúes y los itzáes. Los primeros de origen náhuatl, y los segundos de origen desconocido, pero casi seguramente maya.

Los acontecimientos principales de la llegada de estos

grupos a Yucatán están registrados principalmente en los libros de *Chilam Balam de Maní, de Tizimín* y *de Chumayel,* tres textos que, según Barrera Vásquez y Rendón, constituyen una sola crónica a la que han denominado *Crónica Matichu* y que presentan en su obra *Libro de los libros de Chilam Balam.*

En esta crónica se señalan escuetamente los acontecimientos, pero registrando la fecha de cada uno de ellos, mediante el sistema de "cuenta corta". En la primera parte se consigna que los xiúes salieron de Nonoual (el Nonoualco náhuatl) en un Katún 3 Ahau (849-869); peregrinaron durante cuatro katunes y un año, guiados por su caudillo Chan Tepeu, hasta llegar a Chacnabitón (región quizá situada al sur de Chakanputún) al final de un Katún 5 Ahau (1086-1106). Después, en la tercera parte de la crónica, se menciona a otro caudillo, Ah Suytok Tutul Xiú, quien llega a Uxmal en un Katún 2 Ahau (987-1007) y ahí establece su gobierno, que dura diez katunes.

Algunos de estos datos están corroborados por las fuentes escritas españolas y por investigaciones arqueológicas, sobre todo la llegada de Tutul Xiú, del que se habla en casi todas las *Relaciones histórico-geográficas de la Gobernación de Yucatán,* presentándolo como un gran conquistador y héroe cultural.

La segunda parte de la crónica relata la historia de los itzáes, que se inicia con la llegada del grupo a Siyan Can Bakhalal, en un Katún 8 Ahau (415-435); en el Katún 13 Ahau (495-514) ocupan Chichén Itzá y, después de reinar ahí diez katunes, abandonan la ciudad, en otro Katún 8 Ahau, para establecerse en Chakanputún, en el Katún 6 Ahau (692-711); permanecieron ahí durante 13 veintenas de años y volvieron a dejar su sitio de asentamiento en otro Katún 8

Ahau (928-948); anduvieron errantes durante dos veintenas más y llegan a Chichén Itzá de nuevo a fines del Katún 4 Ahau. Después de varios acontecimientos, viene un nuevo abandono de Chichén Itzá, causado por un problema político con Mayapán, y curiosamente vuelve a darse en un Katún 8 Ahau (1185-1204). Mayapán constituye una tiranía sobre Yucatán, y es destruida en el siguiente Katún 8 Ahau (1441-1461). La crónica ya no menciona los acontecimientos que siguieron a este hecho, pero por otras fuentes sabemos que los itzáes abandonaron la península de Yucatán después de la destrucción de Mayapán, para ir a establecerse en el Petén (Guatemala), donde fueron conquistados por los españoles 137 días antes de la llegada de otro Katún 8 Ahau (1697-1717), el 13 de marzo de 1697, y que precisamente pudieron ser sometidos porque sabían que se avecinaba el retorno del katún que siempre había significado para ellos un cambio político-social importante.

La identidad y el sitio de origen de los itzáes han sido muy discutidos, pues ni esta crónica, ni los datos que nos proporcionan las fuentes españolas son muy claros a este respecto. Pudieron ser mayas que llegaron a Yucatán procedentes del área central, o mayas de lengua chontal, originarios de Chakanputún, o nahuas que, como los xiúes, se asimilaron a la cultura maya. Lo que sí parece estar claro es que llegaron a Chichén Itzá, procedentes de Chakanputún, casi al mismo tiempo que los toltecas, quienes venían guiados por un personaje llamado Kukulcán (Quetzalcóatl), y que a partir de entonces la influencia tolteca fue determinante en Chichén Itzá y en toda la península de Yucatán, como lo muestra también la arqueología.

Los acontecimientos históricos del pueblo quiché, por su parte, se relatan principalmente en el *Popol Vuh*, el *Título de Totonicapán,* el *Título de Yax,* la *Historia quiché de don Juan de Torres,* los *Títulos de la casa de Ixcuin Nehaib,* el *Título de los indios de Santa Clara la Laguna* y el *Título de los señores de Sacapulas.* Otros textos quichés, como el *Papel del origen de los señores,* el *Título real de don Francisco Izquín Nehaib,* y los textos cakchiqueles, como los *Anales de los cakchiqueles* y las *Historias de los Xpantzay,* asientan también varios datos sobre los quichés que corroboran la veracidad de la narración histórica contenida en los principales textos.

Podemos decir que la historia del pueblo quiché, según nuestro concepto occidental de "historia", se inicia en el *Popol Vuh* a partir del final del mito cosmogónico, es decir, cuando los cuatro primeros hombres formados de masa de maíz, Balam Quitzé, Balam Acab, Mahucutah e Iqui Balam, acompañados por sus hijos y nietos, llegan a sus tierras de asentamiento y presencian la primera salida del sol y la luna. Sin embargo, lo que nosotros llamamos "mito cosmogónico" para ellos es el origen de su verdadera historia: ésta se inicia cuando los dioses primordiales deciden crear el cosmos.

Por eso aquí regresamos a Tulán, en el oriente, punto cardinal que simboliza el origen, como se expresa en muchos relatos míticos. Ahí estaban al lado de varios otros grupos, como los tepeu (toltecas llamados yaquis por los mayas), los olomán (olmeca-xicalancas) y los cakchiqueles. Todos juntos esperaban la salida del sol, y no tenían todavía representaciones de sus dioses. Los españoles llamaron a estas representaciones "ídolos", pero no eran veneradas por ellas mismas, sino por representar y encarnar, durante los ritos, a las energías sagradas; los mayas nunca fueron idólatras. Desde el sitio en que estaban reunidos se dirigieron hacia la ciudad de Tulán Zuivá (Cueva de Tulán), Vucub-Pec

(Siete Cuevas), Vucub-Ziván (Siete Barrancas) para recibir ahí a sus dioses. En los mitos nahuas encontramos la mención de Chicomóztoc (Siete cuevas o barrancas), como el sitio de origen de ese pueblo, lo cual nos habla de una unidad originaria de los principales grupos del periodo Posclásico en Mesoamérica. En la historia quiché se alude a un Tulán Zuyúa, que probablemente estuvo cerca de la costa del Golfo, en Tabasco o Campeche, y que fue extensión de la Tula tolteca del Altiplano Central, pero la primera Tulán verosímilmente es Teotihuacan. Dice Denis Tedlock en su versión del *Popol Vuh:*

> Al dar el nombre adicional de Tulán Zuyúa a Siete Cuevas, el *Popol Vuh* preserva el recuerdo de la metrópoli más vieja y grandiosa que cualquier otro pueblo tolteca. Este último Tulán fue el sitio ahora conocido como Teotihuacan, al noreste de la ciudad de México. Fue la ciudad más grandiosa en la historia mesoamericana, y su apogeo fue contemporáneo al periodo Clásico maya. Sólo hasta tiempos recientes se ha descubierto que hay una cueva natural debajo de la Pirámide del Sol en Teotihuacan, y el eje principal y las cámaras laterales de esta cueva suman siete.

Así, la Tulán originaria surge de una cueva, símbolo por excelencia del origen, sobre la cual se erigió la gran ciudad de Teotihuacan, que extendió su influencia a toda Mesoamérica.

Concuerdan con el *Popol Vuh* los *Anales de los cakchiqueles,* que se inician mencionando a los primeros padres, Gagavitz y Zactecauh, quienes llegaron a Tulán, procedentes del otro lado del mar; el *Título de Totonicapán,* que asienta que los caudillos de los pueblos se dirigieron a Pa

Tulán, Pa Civán desde la otra parte del océano; los *Libros de Chilam Balam,* donde encontramos, como hemos visto, el mismo sitio de origen para los xiúes, y otros textos de Yucatán, como el *Códice de Calkiní,* que afirma que los hombres mayas llegaron del oriente.

Desde ese sitio, donde reciben a sus dioses y se diversifican las lenguas, los quichés y los otros grupos de Guatemala inician su peregrinaje hacia sus tierras de asentamiento, y aunque casi no hay registros de fechas en los textos de Guatemala, se puede suponer que esta peregrinación se da más o menos al mismo tiempo que la de los grupos de Yucatán, y se refiere a la llegada de grupos del Altiplano Central de México al área maya, que se dio alrededor del año 1000 d.C., y que ellos asimilan al momento del origen. Dichas migraciones están referidas, asimismo, en muchas crónicas españolas, pero en ellas se habla sobre todo de la salida de Quetzalcóatl y sus seguidores hacia el sur, así como de la llegada de Kukulcán a Yucatán.

Los textos de Guatemala relatan la peregrinación mencionando conflictos guerreros que tuvieron con los habitantes de algunas regiones y dando el nombre de los sitios que fueron tocando las tribus, por lo que se ha podido inferir que pasaron por la costa del Golfo de México hasta llegar a la laguna de Términos, donde se encontraba Chakanputún (según las fuentes mayas yucatecas), el sitio en el que los itzáes estuvieron establecidos por muchos años. Es posible que en esa importante zona de reunión de grupos se haya empezado a dar la mayanización de los pueblos procedentes del Altiplano Central.

Quizá a causa de conflictos con otros grupos en Chakanputún, las tribus dejan ese lugar, y siguiendo el curso de los grandes ríos, como el Usumacinta, arriban a Guatemala,

donde se establecen en las altiplanicies y montañas de la región central, después de grandes adversidades, que son narradas en el *Popol Vuh*. Dice este texto que los grupos quichés se reunieron en una montaña llamada Chi-Pixab y ahí
pusieron sus nombres a los tres grandes grupos: Quiché, Tamub e Ilocab; también dieron su nombre a los cakchiqueles,
a los de Rabinal y a los de Tziquinahá. De ahí partieron a los
bosques y buscaron lugares seguros donde poner a sus dioses, dejándolos en los montes de Avilix, Hacavitz y Patohil
(al norte del Quiché), de donde estos dioses reciben sus
nombres. El dios Tohil, que dará el fuego a las tribus, será
después el patrono de todos los grupos quichés. "La adoración de Tohil —dice Denis Tedlock— recientemente se ha
rastreado desde el periodo Clásico; en las inscripciones de
Palenque, se le nombra Tahil, una palabra chol que significa
'Espejo de Obsidiana', y es mostrado con un espejo hu-
meante en la frente." Se identifica con el llamado Dios K o
Kawiil, deidad de los linajes gobernantes, que se representa
en la escultura clásica en forma de cetro en las manos de los
jerarcas y en formas variadas en sus atavíos, así como en
otras obras pictóricas y escultóricas.

En el monte Avilix se reunieron los quichés, los cakchiqueles, los tzutuhiles y otros, para esperar la aurora. Al llegar a este punto se relata la salida del Sol y de la Luna, pre-
cedidos por Icoquih (Venus), la gran estrella. Los hombres
queman incienso y bailan; al salir el Sol, los dioses se con-
vierten en piedras, así como algunos animales. Con este relato mítico los quichés simbolizaron el origen de la vida se-
dentaria y de la estructuración de su nueva cultura; pero sin
olvidar su procedencia y su vínculo con los grupos del Altiplano Central, como lo expresa el *Popol Vuh,* cuando dice
que los hombres cantaron: "¡Ay de nosotros! En Tulán nos

perdimos, nos separamos, y allá quedaron nuestros herma-
nos mayores y menores. ¡Ay de nosotros [que] hemos visto
el sol!, pero ¿dónde están ellos ahora que ya ha amanecido?"

En el monte Hacavitz los quichés fundan su primera
ciudad, se multiplican y dominan a las otras tribus. Entonces, los cuatro caudillos transmiten a sus hijos el símbolo
del poder, un envoltorio llamado Pizom-Gagal, que conte-
nía los objetos de poder chamánico, y regresan a su lugar de
origen. Los nuevos gobernantes, Qocaib, Qoacutec y Qoa-
hau, van después a oriente, de donde sus padres habían venido, para recibir los atributos de poder de manos del "Señor,
Rey del Oriente", Nacxit, que era "el único juez supremo
de todos los reinos". Nacxit es, sin duda, algún sucesor de
Topiltzin Acxitl Quetzalcóatl, quien probablemente residía
en Chichén Itzá y que, según los quichés, ejercía el mando
supremo sobre todos los grupos mayas. Los cakchiqueles
también lo mencionan otorgando el poder y las dignidades
a los reyes; estas dignidades eran, tanto para los cakchiqueles como para los quichés, los títulos de Ahpop y Ahpop
Camhá. Es importante destacar que entre las muchas insig-
nias y distintivos que Nacxit da a los quichés, en el *Popol
Vuh* se citan "las pinturas de Tulán, las pinturas, como le
llamaban a aquello en que ponían sus historias", en lo cual
no sólo vemos expresada la tradición de conservar cuidadosamente por escrito la historia, sino una confirmación de
la existencia de un texto antiguo en el que está basado el
Popol Vuh.

Cuando regresan los reyes quichés a su ciudad Hacavitz,
se unen ahí todas las tribus para rendirles veneración y reconocer su poder. Después viene un periodo de peregrinaje
buscando un nuevo sitio para establecerse, pues ya eran
muy numerosos; tocan varios lugares, que son consignados

por el *Título de Totonicapán,* y bajo la cuarta generación de reyes fundan la ciudad de Chi Izmachí, con edificios de cal y canto, donde reinan los reyes Cotuhá e Iztayul.

Al principio hubo dificultades, pero el engrandecimiento de las tres casas reales de los Quiché: Cavec, Nihaib y Ahau Quiché, provocó la indignación de los otros grupos quichés: los Tamub y los Ilocab, quienes decidieron hacerles la guerra; éstos fueron derrotados, sometidos y sacrificados ante los dioses.

Con este hecho, el grupo quiché se engrandeció aún más y abandonó Chi Izmachí para fundar una nueva ciudad, Gumarcah (llamada por los mexicanos Utatlán, "lugar de cañas"). Ahí gobernaron, con los cargos supremos, Cotuhá y Gucumatz, de la quinta generación, que realizaron la expansión del reino quiché y afianzaron su poderío sobre todos los demás grupos.

A Gucumatz y Cotuhá se les considera en los textos reyes prodigiosos, grandes chamanes, sobre todo a Gucumatz, "Serpiente-quetzal", por su poder de subir al cielo y descender a Xibalbá; convertirse en serpiente, en jaguar, en sangre coagulada. Este gobernante aparece como el símbolo del predominio quiché y se equipara al Kukulcán, "Serpiente-quetzal" de los mayas de Yucatán, ambas, versiones mayas de Quetzalcóatl. También en los *Anales de los cakchiqueles* vemos la influencia que el culto a Quetzalcóatl tuvo entre los mayas de Guatemala: refiere este texto que durante su peregrinación, los hombres se detienen en Qabouil Abah, "la piedra del dios", y ahí el caudillo Gagavitz se arroja al agua y se convierte en serpiente emplumada. Asimismo, uno de los grandes reyes cakchiqueles fue Tepeuh (otro nombre de Quetzalcóatl), quien se hacía temer por sus artes de hechicería, y todas las tribus le rendían tributo.

Siguiendo con la historia quiché, gobiernan después otros reyes prodigiosos: Qikab y Cavizimah. Qikab fue quizá el rey más importante de los quichés; bajo su gobierno, el reino se extiende hasta las montañas de los mames, las tierras de los tzutuhiles y los cakchiqueles, la costa del Pacífico y el Petén. Su ciudad se convierte en la más poderosa de Guatemala, y recibe un abundante tributo. La grandeza del rey Qikab es resaltada por todos los textos, incluso por los cakchiqueles, que lo consideran amigo y defensor de este pueblo, contra los mismos quichés. Las guerras que llevaron a los quichés al dominio sobre los demás grupos están, asimismo, narradas en la mayoría de los libros. Hacia finales del siglo xv, a causa de numerosas guerras, había disminuido el poderío quiché; sin embargo, a la llegada de los españoles, los quichés lucharon valerosamente contra ellos.

Es necesario destacar que en los textos históricos hay un particular interés en asentar las genealogías de las familias nobles, de las que salían los gobernantes y los sacerdotes en la época prehispánica. La mayoría de los libros precisamente tiene como finalidad registrar la historia de un linaje particular, como el *Códice de Calkiní,* que contiene la genealogía de las familias Canul y Canché; las *Crónicas de los Xiú,* que asientan el árbol genealógico de la familia; el *Texto chontal,* de Pablo Paxbolon, donde se registran las generaciones de los reyes de Acalán; el *Título de los indios de Santa Clara la Laguna,* que incluye la genealogía quiché, etcétera.

Pero también en los textos que parecen no haber sido escritos principalmente con fines legales, como las crónicas que relatan la Conquista, se pone el énfasis en demostrar su linaje ilustre. La *Crónica de Chac-Xulub-Chen,* por ejemplo, dice: "Y fueron muchos los que miraron cumplidos los sucesos que cuento dentro de mi información a saber, para que sean conocidos los de mi linaje y por mis hijos, y por los que vengan detrás hasta que tenga lugar la muerte aquí en la tierra".

Y en las obras que hemos considerado libros sagrados de la comunidad, encontramos que el relato histórico se centra en las hazañas de los hombres ilustres, y que se incluyen genealogías. Por ejemplo, en el *Popol Vuh,* que al final enumera las generaciones de los reyes quichés, desde los fundadores o cabezas de linaje hasta los que se seguían considerando reyes bajo el dominio español; los *Anales de los cakchiqueles,* que también presentan genealogías al final, y el *Libro de Chilam Balam de Chumayel,* donde encontramos un "Libro de los linajes" que habla de troncos de familias nobles.

La preocupación central de mencionar los linajes nobles en los registros de tipo histórico no surgió en el momento de la Conquista, y no respondió sólo a la necesidad de obtener favores especiales y de proteger las tierras contra el despojo que realizaron los españoles, sino que es también una herencia de los mayas prehispánicos. Landa afirma: "Que tienen mucha cuenta por saber el origen de sus linajes y eso procuran saberlo de los sacerdotes, que es una de sus ciencias, y jáctanse mucho de los varones señalados que ha habido en sus linajes". Esta aseveración de que el registrar el origen de los linajes era una de las ciencias, se corrobora con el desciframiento de las inscripciones jeroglíficas mayas, que asientan, entrelazada con la actividad ritual, la historia de las dinastías gobernantes: los principales glifos son nombres de personajes y de dinastías; fechas de nacimiento, de ascenso al trono, de matrimonio, de acontecimientos guerreros y de muerte de gobernantes. Las inscripciones con ese contenido generalmente aparecen en estelas o dinteles de piedra donde se representa al mandatario con sus atributos de poder, tanto político como guerrero y religioso.

Por todo lo anterior, podemos decir que la historia, para los mayas, es la historia del grupo dominante y sus vínculos con las deidades, y que una de las finalidades que ellos tenían al registrarla y transmitirla al pueblo, mediante discursos de los sacerdotes o representaciones dramáticas, era la de engrandecer al linaje en el poder, afirmando y justificando así su dominio sobre el pueblo y su derecho a seguir gobernando. Este propósito obviamente desapareció con la conquista española, pero fue precisamente de la nobleza de sus linajes de lo que algunos mayas se valieron para proteger sus bienes y sus vidas, y para preservar su herencia cultural, cuando cayeron bajo el yugo español.

VIII. VALORES FORMALES
DE LOS LIBROS SAGRADOS

No PRETENDEMOS abordar aquí el análisis lingüístico y literario que merecen todos estos textos, únicamente queremos
destacar algunas de sus peculiaridades formales.

En primer lugar, es interesante la comprobación hecha
por varios especialistas de que, como dice Alfonso Lacadena:

> … la tradición literaria maya prehispánica no se agotó con
> la desaparición del sistema de escritura jeroglífico, sino que
> se prolongó durante la Colonia… las figuras literarias que se
> reconocen en los textos jeroglíficos prehispánicos tienen
> continuidad y son claro precedente de muchas figuras lite-
> rarias identificadas en los textos mayas coloniales escritos
> en alfabeto latino… Un conjunto de figuras y expresio-
> nes… traspasa los periodos culturales y las fronteras lin-
> güísticas y sugiere con fuerza situar en una misma secuen-
> cia la tradición literaria del periodo Clásico con la del
> Posclásico y la de la Colonia —ya en alfabeto latino—
> como etapas de un mismo fenómeno.

El epigrafista señala que en los textos jeroglíficos prehispánicos se han hallado varias figuras literarias, como alitera-
ción, sinonimia, anáfora, paralelismo, metáfora, difrasismo,
metonimia, alegoría, personificación y optación, figuras
que pertenecen a todos los niveles de la lengua. Considera que
"su empleo fue intencional, y que los escribas mayas que las

utilizaron estaban usando conscientemente una lengua literaria como contraposición a la lengua normal"; esta lengua, como destacamos arriba, fue el cholano.

Aunque el estilo de los relatos míticos y proféticos en los textos coloniales de Yucatán es distinto al de los textos míticos de Guatemala, en tanto que en los primeros abunda el uso de fórmulas sintéticas, lo que les da un carácter profundamente esotérico, y en los segundos el texto fluye en una forma más narrativa, en ambos encontramos un lenguaje altamente simbólico y multívoco, en el que se emplean metafóricamente objetos, colores y seres naturales, como flores, animales, árboles y piedras, para expresar las ideas, las vivencias y las acciones.

Como es manifiesto también en las artes plásticas, el medio natural en el que vivieron los mayas, extraordinario por su majestuosidad, su variedad y su belleza, domina toda la creación maya; está presente en todo pensamiento, en toda imagen, en todo ritual, en toda afección humana. Es la naturaleza la que condiciona el espíritu, como lo expresa el *Popol Vuh,* en la idea de que el haber sido formado de masa de maíz es lo que permite al hombre hacerse consciente de sí mismo y de los dioses. Y el espíritu se torna a la vez naturaleza, al expresarse simbolizado en ceibas, en aves, en jaguares, en flores y en piedras. Todas las ideas, las virtudes y las pasiones humanas en el arte maya toman formas vegetales, animales y minerales, lo cual nos habla de una unidad indisoluble del hombre con su medio. En este sentido, cabría decir que la cultura maya es, esencialmente, una cultura de la naturaleza.

Así, en los escritos de los mayas, hasta los conceptos más abstractos, como el de que el mundo tiene una racionalidad y un orden inherentes, son expresados en una forma plástica, concreta, casi tangible, empleando a veces como símbolos hasta los objetos de uso cotidiano. No en vano el lenguaje escrito propio de la cultura maya prehispánica, los códices y las inscripciones, es también un arte plástico, es pintura y escultura.

Veamos, por ejemplo, cómo se describe el reordenamiento del mundo, después de la destrucción por agua, en el *Chilam Balam de Chumayel*:

> Al terminar el arrasamiento se alzará Chac Imix Che, la ceiba roja, columna del cielo, señal del amanecer del mundo, árbol del Bacab, Vertedor, en donde se posará Kan Xib Yuyum, Oropéndola-amarilla-macho. Se alzará también Sac Imix Che, Ceiba-blanca, al norte, allí se posará Zac Chic, Blanco-remendador, Zenzontle: soporte del cielo y señal del aniquilamiento será la ceiba blanca. Se alzará también Ek Imix Che, Ceiba-negra al poniente del país llano; señal del aniquilamiento será la ceiba negra; allí se posará Ek Tan Picdzoy, Pájaro-de-pecho-negro. Se alzará también Kan Imix Che, Ceiba-amarilla, al sur del país llano, como señal del aniquilamiento; allí se posará Kan Tan Picdzoy, Pájaro-de-pecho-amarillo, Kan Xib Yuyum, Oropéndola-amarilla-macho, Ah Kan Oyal Mut, Ave-vencida-amarilla. Se alzará también Yaax Imixche, Ceiba-verde, en el centro de la provincia, como señal y memoria del aniquilamiento. Ella es la que sostiene el plato y el vaso; la Estera y el Trono de los katunes por ella viven.

Además del lenguaje simbólico y metafórico que predomina en los textos religiosos, uno de los principales recursos estilísticos es el repetir una misma idea en diferentes términos o formas, es decir, el *paralelismo* de las frases o difrasis-mos, tanto binarios como múltiples; por ejemplo: "nuestra abuela/nuestro abuelo", "las montañas/los valles", "el cielo/la tierra". Por difrasismo, afirma Michela Craveri Slaviero en su obra *El arte verbal k'iche'. Las funciones poéticas de los textos rituales mayas contemporáneos,* se entiende la ruptura de un verso (o unidad de significado) en dos o más imágenes complementarias. El uso de difrasismos proviene de la época prehispánica: Alfonso Lacadena da varios ejemplos de difrasismos como los de los libros coloniales que se hallan en las inscripciones en el periodo Clásico y en las del Posclásico. Judith Maxwell también considera que los paralelismos provienen de la época prehispánica, pues los códices *(Madrid, Dresde, París),* tanto en las figuras como en los textos, están repletos de repeticiones. Del mismo modo, aparecen estructuras paralelas en el lenguaje formal de los mayas actuales, particularmente en las oraciones.

Los difrasismos son en los textos mayas, como afirma Michela Craveri, la expresión verbal de una peculiar concepción del mundo en la que los diferentes seres están ligados entre sí formando un todo armónico. Así, la palabra tiene función vinculatoria del hombre con la naturaleza y con los dioses. Además, abundan los recursos fonéticos como las aliteraciones (vínculo de palabras de sonido semejante, pero diferente significado), con el fin de imprimir un ritmo peculiar al poema.

En las palabras que los dioses creadores del *Popol Vuh* dicen a los adivinos Ixpiyacoc e Ixmucané, cuando les piden ayuda para la formación del hombre, podemos apreciar los difrasismos o paralelismos de los componentes de las frases y de la estructura de las frases mismas:

Entrad pues, en consulta, abuela, abuelo, nuestra abuela, nuestro abuelo, Ixpiyacoc, Ixmucané, haced que aclare, que amanezca, que seamos invocados, que seamos adorados, que seamos recordados por el hombre creado, por el hombre formado, por el hombre mortal, haced que así se haga.

Otra peculiaridad del estilo de los textos sagrados es la enumeración de cualidades, de seres, de atributos, etc., que responde al mismo afán de expresar un hecho o idea en todas las formas posibles, o describiendo todos los detalles. A veces las repeticiones y las enumeraciones tornan monótono el texto, pero esta monotonía siempre está impregnada de un hondo sentido poético, que comunica la elevada sensibilidad del hombre maya. En la predicción para un Katún 3 Ahau leemos: "Entonces serán asentados los señores de los pueblos en sus Esteras y Tronos y le será cortada la garganta al que detenta la Estera y el Trono, al Jaguar del pueblo, al Tigre rojo, al Gato Montés rojo, al Gato Montés blanco".

Y el *Popol Vuh,* para afirmar que no había seres antes del ordenamiento del mundo, asienta: "No había todavía un hombre ni un animal, pájaros, peces, cangrejos, árboles, piedras, cuevas, barrancas, hierbas ni bosques..."

Estas características del estilo revelan diversos niveles de significación (léxica y literaria), dificultando a veces la comprensión del texto, pero le dan una simetría, un ritmo peculiar, propio para ser recitado, lo cual corrobora las afirmaciones de los cronistas de que los textos sagrados eran aprendidos de memoria sobre la base de lo registrado en los códices, que fueron simplemente un apoyo para la expresión oral. Esta modalidad estilística, propia del pensamiento mítico, fue común a las literaturas mesoamericanas y a las literaturas religiosas de otras partes del mundo. Destacaré en seguida algunas características formales de las obras sobresalientes.

EL *POPOL VUH*

Como ya hemos señalado, los libros mayas que hemos llamado "libros sagrados de la comunidad" no guardan una unidad temática, sino que incluyen tanto las tradiciones religiosas como las históricas; pero mientras que los *Libros de Chilam Balam* son recopilaciones de fragmentos aislados y escritos en diferentes épocas por distintos autores, lo que ocurre también con los *Anales de los cakchiqueles,* el *Popol Vuh* es una obra unitaria, notablemente estructurada, que revela la presencia de un solo autor, dotado de una extraordinaria capacidad artística. De ahí que haya sido considerado la obra maestra de la literatura indígena mesoamericana.

En esta obra los mayas expresaron su sensibilidad poética, su capacidad imaginativa y su grandeza espiritual. Es un libro excepcional por la riqueza expresiva y los recursos estilísticos; está escrita en un lenguaje altamente simbólico y multívoco, sobre todo las narraciones sobre el origen, o sea, el mito cosmogónico.

Dice Craveri que a pesar de la forma alfabética en que ha llegado hasta nosotros, el análisis del texto permite también identificar la estructura narrativa de matriz prehispánica, marcada por las partículas de uso retórico que señalan la transición entre los episodios. Efectivamente, la estructura retórica del *Popol Vuh,* en la que se advierte la fusión de un texto escrito y un texto oral, es típicamente indígena, muy distinta de la de los libros occidentales, lo que corrobora su autenticidad como obra de un autor indígena. La obra tiene pautas formales propias de la oralidad; es un texto escrito para ser recitado o cantado con una voz y un tono especiales, lo que confirma que a una posible versión jeroglífica prehispánica se aunó la explicación oral que era complemento de ella cuando la obra se transcribió a los caracteres latinos. Es, por ello, un texto ritual que seguramente se recitaba en las ceremonias clandestinas de la comunidad indígena que mencionamos antes.

El manuscrito que el padre Ximénez copió tal vez incluyó ilustraciones y algunos jeroglíficos, pero esta versión sólo es prosa alfabética. Sin embargo, como afirma Tedlock, en algunos pasajes parece advertirse que el autor tenía a la vista algún códice jeroglífico (los cuales incluían dibujo y texto como las dos partes de la expresión escrita), y que lo estaba describiendo de acuerdo con la imagen. Por ejemplo, los autores afirman que el antiguo libro "se veía".

Esto lo escribiremos ya dentro de la ley de Dios, en el cristianismo; lo sacaremos a la luz porque ya no se ve el *Popol Vuh,* así llamado, donde se veía claramente la venida del otro lado del mar, la narración de nuestra oscuridad, y se veía claramente la vida. Existía el libro original, escrito antiguamente, pero su vista está oculta al investigador y al pensador.

Y otro pasaje, todavía más revelador del carácter pictográfico del texto original, que el autor tenía a la vista, asienta, según la versión de Tedlock:

Éste es el gran árbol de Siete Guacamaya, un nance, y éste es el alimento de Siete Guacamaya. Con el fin de comer la fruta del nance, cada día sube al árbol. Ya que Junajpu y Xbalanque han visto dónde se alimenta, ahora están escondidos debajo del árbol de Siete Guacamaya, se mantienen quietos ahí, los dos muchachos están entre las hojas del árbol.

Y en la traducción de Michela Craveri leemos:

> Así pues, Wuqub'Kaqix tiene un árbol de nance
> éste pues es el pasto de Wuqub'Kaqix
> éste llega a la superficie del nance
> sube por el árbol cada día
> fue visto que era su pasto por Junajpu
>   Xb'alanke
> aguardan, pues, al pie del árbol de nance a Wuqub'Kaqix
> están escondidos ahí los dos muchachos entre las hojas
>   del árbol.

Por otra parte, lo que determina el uso de un lenguaje poético y de formas simbólicas es el valor sagrado del contenido. Como lo dice el propio texto, al mencionar que los dioses crearon el mundo por medio de la palabra, la palabra poética del sacerdote es también energía creadora que reactualiza o trae al momento presente lo evocado, revive el tiempo sagrado de los orígenes y permite a la comunidad sumergirse en ese momento divino para renacer purificada con nuevas energías. La palabra se convierte en un puente de comunicación entre los hombres y los dioses, que nutre la conservación de la sabiduría colectiva, que hace al hombre consciente de su puesto en el mundo y que contribuye a mantener el equilibrio del cosmos, al lado de las ofrendas a los dioses. "La realidad evocada —dice Craveri— nunca se percibe como ajena y 'otra', ya que el evento ritual tiene el poder de reproducirla 'aquí' y 'ahora' y de vincularla estrechamente con los miembros de la comunidad." La palabra no es sólo sonido, sino cuerpo, movimiento, acto de representación corporal. Tiene el poder de recrear el mundo y de influir sobre la realidad gracias a procesos de identificación simpatética entre el objeto evocado y su expresión vocal. La palabra no sólo evoca sino que también provoca mágicamente un estado adecuado para revivir el mito.

Los "mitos" e "historias" de los quichés han sido integrados en esta obra, logrando un relato excelente por su congruencia y altura poética. No se trata simplemente de una transcripción de textos aislados, como ocurre con la mayoría de las obras indígenas, sino que hay una secuencia ordenada, expresada con notable fluidez. Se ha dicho que la obra se divide en varias partes, unas míticas y otra histórica, pero, como hemos dicho antes, ésta es una división arbitraria hecha desde la perspectiva occidental, pues, para los quichés, la obra es el relato sagrado, la "verdad" sobre su origen y su devenir hasta el momento de la Conquista. Y esta historia ha sido contada, de acuerdo con la visión religiosa del mundo y del hombre de los mayas prehispánicos. Se trata de un relato mítico-histórico de la historia quiché, en el que los diversos elementos que lo componen forman un todo armónico.

En síntesis, el *Popol Vuh* es un poema escrito en un lenguaje metafórico que atiende más a expresar la significación que el hecho, y en el que no hay la oscuridad y la exuberancia de los textos de Yucatán ni la monotonía, a veces desesperante, del *Rabinal Achí,* sino que se ha logrado crear los elementos formales más adecuados para comunicar, con profundidad, emoción y dramatismo, las ideas, las vivencias y los acontecimientos que fundamentaron el ser del hombre quiché.

El *Rabinal Achí*

Entre los textos rituales destaca el *Rabinal Achí* como una de las mejores muestras de la forma indígena de pensamiento y expresión. Es de las pocas obras mayas con una estructura unitaria y armónica, y tiene la peculiaridad de presentar el pasado del personaje principal, el guerrero quiché, a medida que dialoga con el Varón de Rabinal y que se acerca la hora de su holocausto. El libro tiene una especial monotonía porque abundan en él las fórmulas de cortesía y las repeticiones, no sólo constituidas por los múltiples paralelismos, sino porque el diálogo consiste en que el interlocutor siempre repite el parlamento anterior al iniciar el suyo.

El paralelismo en esta obra se ilustra en el siguiente parlamento:

> Si mi gobernador, mi mandatario, permite que te deje marchar a las montañas, a los valles; si mi gobernador lo dice, entonces te dejaré marchar a las montañas, a los valles. Sí, si mi gobernador dice eso, te dejaré marchar.

Como en las demás obras religiosas mayas, también aquí el lenguaje es metafórico, por ejemplo, para expresar la idea de que los enemigos huyeron en multitud, dice: "Se transformaron en moscas, en mariposas, en hormigones, en hormiguitas". Sin embargo, a pesar del ritmo monótono, de la lentitud y del lenguaje simbólico y complejo, el texto tiene un alto tono dramático y poético. Como se trataba de la representación de un rito, no había expectativa, pero se comunica con gran fuerza expresiva el dolor del hombre que va a morir lejos de su tierra. Éste dice:

¡Ah, oh cielo! ¡Ah, oh tierra! Mi decisión, mi denuedo, no me han servido. Busqué mi camino bajo el cielo, busqué mi camino sobre la tierra, apartando las yerbas, apartando los abrojos… ¿Debo realmente morir, fallecer aquí, bajo el cielo, sobre la tierra?… ¡Cómo no puedo cambiarme por esa ardilla, ese pájaro, que mueren sobre la rama del árbol, sobre el retoño del árbol donde consiguieron con qué alimentarse, con qué comer, bajo el cielo, sobre la tierra!

El *Ritual de los Bacabes*

Otra obra extraordinaria, digna de ser destacada, es el *Ritual de los Bacabes* de los mayas yucatecos. Los textos curativos de esta obra están redactados en un lenguaje arcaico, plagado de simbolismos esotéricos, con un ritmo propio para ser recitado; es un lenguaje sintético, que no pretende explicar, sino lograr la curación por la fuerza mágica de la palabra sagrada. Arzápalo señala que la obra sigue una rítmica muy peculiar y mezcla estilos, pues el sacerdote desempeña los papeles no sólo de él mismo, sino también del enfermo y de la enfermedad. Así, "el sacerdote puede dirigirse a las deidades y vientos [seres maléficos que provocan enfermedades] en un estilo muy formal y reverencial para invocarlos y luego, al tenerlos en su poder, hablarles en un estilo íntimo y hasta vulgar para aniquilarlos". Baste como ejemplo el siguiente fragmento:

Y fuiste poseída
Chacal Ix Chel, "Ixchel la roja" [la diosa de la Luna]
Sacal Ix Chel, "Ixchel la blanca".
Lanza bien certera,

> miembro bien certero;
> he aquí a tu madre;
> he aquí a tu lujurioso
> progenitor ya cansado,
> con la espalda cansada.[1]

Otros ejemplos ilustran el estilo de este tipo de textos mágicos; "El texto para curar el Balam Mo Tancas, 'Frenesí-jaguar-guacamaya'" asienta:

> Ésta es una enfermedad maligna,
> de frenesí o lujuria.
> Hun Ahau, "Uno Ahau".
> Hunuc Can Ahau "Gran-cuatro-ahau".
> Érase Can Ahau "Cuatro Ahau el
> Engendrador"
> érase can ahau "Cuatro ahau" el de las tinieblas
> cuando naciste…

Fragmentos de otros conjuros son los siguientes:

> El texto para curar el trance erótico.
> Incoherente es el habla de la persona
> debido a la fiebre.
> Siente la persona un impulso para correr,
> debido ciertamente a su locura…
> Trece veces me apoderé (del viento)
> Y en muchas ocasiones me eché sobre él;
> fue así como le di de puntapiés
> al tal viento.

---

[1] Las citas de esta obra son de la traducción de Ramón Arzápalo.

De doce centros (¿pistilos?) es la flor
que está en el centro de la tierra.
Trece (¿días?) me pasé en ayunas
por Chac Ualom Kin "Sol en la cima",
absorbiendo a Yikal Nicte "Viento-de-la-flor-
de-lujuria".

Textos históricos en los libros sagrados

Y en cuanto a los escritos que desde nuestra perspectiva podemos llamar históricos, particularmente en el *Popol Vuh* y
los *Anales de los cakchiqueles,* hallamos varias formas expresivas, pero todos ellos se distinguen de los textos propiamente religiosos por el escaso uso de las metáforas y el afán
de claridad y precisión. Estos textos están profundamente
unidos al mito y a la leyenda. Los acontecimientos reales a
veces se expresan alegóricamente, haciendo intervenir en
ellos a los dioses protectores de las tribus, y al mismo tiempo que se relatan las peregrinaciones, la fundación de ciudades, las guerras y las sucesiones, se explica en forma mítica el origen del fuego, de la cultura y de los rituales. Destaca
en los textos el tono de exaltada veneración por los hechos
de los ancestros, sobre todo por los fundadores de los linajes,
que aparecen como semidioses, lo que da a los escritos un
carácter de verdaderos poemas épicos. Se intercalan, además,
oraciones y fragmentos que se pueden considerar de carácter
didáctico, como los consejos que los cuatro primeros hombres dan a sus hijos al dejar el mando de las tribus. En todos
ellos se manifiestan los valores morales que rigieron la vida
de los quichés, y revelan un profundo sentido poético de la
vida. Un ejemplo es el siguiente fragmento del *Popol Vuh:*

¡Oh tú, hermosura del día! ¡Tú, Huracán; Tú, Corazón del Cielo y de la Tierra! ¡Tú, dador de la riqueza, y dador de las hijas y de los hijos! Vuelve hacia acá tu gloria y tu riqueza; concédeles la vida y el desarrollo a mis hijos y vasallos; que se multipliquen y crezcan los que han de alimentarte y mantenerte; los que te invocan en los caminos, en los campos, a la orilla de los ríos, en los barrancos, bajo los bejucos.

Dales sus hijas y sus hijos. Que no encuentren desgracia ni infortunio... Que no caigan, que no sean heridos… Que no encuentren obstáculos ni detrás ni delante de ellos… Concédeles buenos caminos, hermosos caminos planos…

Tanto éstos, que podemos considerar poemas históricos, como las crónicas y anales de los mayas de Guatemala, constituyen una narración fluida, que busca explicar los hechos, como debió ser la versión oral de la historia que se hacía en la época prehispánica. Por el contrario, en los fragmentos donde se asientan los acontecimientos principales de los itzáes y los xiúes, contenidos en los *Libros de Chilam Balam,* destaca el interés por registrar las fechas con la inigualable precisión del sistema calendárico maya; los hechos se asientan de una manera tan escueta, que creemos encontrarnos ante los propios códices de los que seguramente fueron copiados estos datos. Quizá, como parecen confirmarlo los mismos textos, esto se deba a que ya en la época colonial todavía se registraban los acontecimientos con la finalidad de servir de referencia para conocer el futuro, según el concepto cíclico de la historia que tuvieron los mayas prehispánicos.

IX. EL ENCUENTRO DEL ESPAÑOL CON LAS LENGUAS MAYAS[1]

En los textos indígenas coloniales se da un extraordinario encuentro de las lenguas autóctonas con el español, que los autores aprendieron muy pronto. Este encuentro involucra los distintos marcos conceptuales, las diferentes cosmovisiones, que, sin embargo, no son totalmente diferentes, es decir, revelan varios rasgos esenciales comunes, al lado de otros muy distintos.

Estudios recientes, como dice Judith Maxwell, indican que la transición a la escritura alfabética en los pueblos mesoamericanos no fue un evento, sino un proceso: las palabras españolas pudieron haber sido agregadas gradualmente al texto pictográfico original, sin desplazarlo enteramente. De este proceso hay múltiples ejemplos en códices coloniales del Altiplano Central de México, y en los textos mayas coloniales a veces se integran mapas y algunos dibujos; además, hay formas expresivas que revelan que el autor tenía a la vista un texto pictográfico que estaba describiendo, como destacamos antes.

El español en los textos indígenas

En los documentos escritos en lenguas mayances se encuentran, en primer lugar, préstamos del náhuatl, que algunas

[1] Agradezco la asesoría lingüística de Raúl del Moral.

lenguas ya tenían desde antes de la Conquista, como los términos *nagual* y *macegual*. Estas palabras a veces se pluralizan con un sufijo maya: *mazeualob,* lo que implica su utilización común en las lenguas mayas. Son también claros ejemplos de préstamos del náhuatl los nombres de poblados, como Acalán o Itzamkanac (Ysancanac), llamado Tamagtun en chontal; Utatlán, que fue Gumarcah, la capital quiché a la llegada de los españoles; Zapotitlán, que en cakchiquel era Xetutul, "Bajo los zapotes". Y hay algunos nombres de personajes importantes en náhuat (sin la *tl* final, es una variedad sureña de esta lengua), como el del rey pipil Nacxit Xuchit, que equivale a Quetzalcóatl.

Destacaré en seguida varios ejemplos de préstamos del español hallados en los *Libros de Chilam Balam de Chumayel* y de *Maní,* escritos en maya yucateco.

Obviamente, los nombres de personas y apellidos castellanos se escriben en español. Hay también numerosos términos en español que corresponden a realidades por ellos desconocidas. Entre éstos están nombres de cargos, como *capitán* y *alguacil.* Nombres de fiestas cristianas y sacramentos, como *Cuaresma* y *Confirmación;* términos tomados de los catecismos, como *limosna* y *Circuncisión;* esta palabra está escrita en español, a pesar de que conocían la práctica, a la que llamaban *suy k'up;* esto se debe a que se refieren a la de Cristo, la cual no correspondía, en la explicación de los frailes, al significado que la circuncisión tenía para ellos. Asimismo, escriben *vírgenes,* aunque sí tenían palabra para ello.

También en español se registran términos como *conquistador* y *justicia;* nombres de plantas y animales europeos, como *cebollas, zidras, higos, granada, león, pollos;* pero al caballo le llaman *tzimín,* venado, porque lo identificaron con este animal. Para referirse al tigre y al león, asientan:

"balam león"; aquí se toma el nombre de un felino americano, *balam,* jaguar, para aplicarlo al tigre, y no hacen lo mismo con el puma, al que llamaban *koh,* que podría haberse aplicado al león. A la vaca y el toro les llaman *uácax,* palabra que acentúan en la primera sílaba, como *vacas;* ello muestra que incluso se rompieron las reglas de acentuación de las lenguas mayas, que acentúan en la última sílaba, con algunas excepciones.

Algunas otras palabras españolas se pluralizan con el sufijo maya, como *españolesob* y *pintoresob,* en los que duplicaron el plural: *es* del español y *ob* del maya. También escriben *pintorob,* a pesar de que existe en maya la palabra para pintor: *ts'ib,* pintar; *ts'ibal,* pintura.

Hay en estos libros varios textos calendáricos, astrológicos y astronómicos, pero que se refieren no al calendario y a la astronomía mayas, sino a los europeos, por lo que incluyen numerosas palabras en español. Por ejemplo, los nombres de los signos del zodiaco, que hallamos antecedidos por la palabra *signo,* que no pueden traducir.

Aunque los mayas conocían con tanta precisión los eclipses que los podían predecir, en los textos coloniales usan las palabras "Eclipse de Sol" para referirse a ellos. El concepto maya era *Chi'bil k'in:* "comido el Sol". También usan la palabra española *conhunzion,* escrita con H, lo cual es un ejemplo de que el sonido de la J fuerte no existe en todas las lenguas mayas. Ocurre lo mismo con el signo Heminis, que se escribe con H. También en los escritos astronómicos hallamos el término *planeta,* que pluralizan tanto con la S como con el sufijo maya, resultando *planetasob,* y aplican los sufijos de colectivos, escribiendo *planetazil* y *planetazilob,* que no existen en español, pues serían "planetal" y "planetales".

Otras expresiones en español corresponden a enfermedades, por ejemplo, "Mal del corazón", enfermedad desconocida para ellos, pues el corazón en lenguas mayances implica espíritu, centro anímico, personalidad. Para las reumas, no usan la palabra maya *ch'onoh ol,* sino *reumae,* tal vez hallada en tratados médicos escritos en latín.

Las fechas se asientan según el calendario gregoriano, combinando el maya y el español tal vez porque ya no se usaba el sistema calendárico maya y porque era muy difícil hacer la equivalencia. Por ejemplo, la frase "*ti haab* de mil quinientos cuarenta y uno": "en el año de 1541" (fundación de Mérida). Y usan expresiones como "mil quinientos diecinueve años", que significa "en el año de 1519". Obviamente, los nombres de los meses del calendario gregoriano están en español.

Hallamos asimismo términos como *palomae* y *castillae,* que integran un sufijo maya de enfático de esa palabra en toda la frase (en español se enfatizaría con la entonación).

Una expresión muy notable es *Tun Gracia,* "Piedra de Gracia" para designar al maíz, término caribe que en maya es *ixim.* Ello expresa el carácter sagrado del maíz para los indígenas, que equiparan con la Gracia Divina.

Emplean la palabra *Dios,* en vez de *Ku* (lo sagrado, concepto más amplio y abstracto); los mayas hablaban de los Bolontikú, deidades del inframundo, y de los Oxlahuntikú, deidades de los niveles celestes. Esto indica que para ellos el Dios cristiano fue otra cosa, tal vez una especie de padre. Sin embargo, en compuestos, como Verdadero Dios, usan las palabras mayas *Hahal Ku.*

Cuando hablan de la Trinidad cristiana, asientan en maya "Padre" e "Hijo", pero en español "Dios espíritu santo", pues no encontraron equivalencia para esta noción.

El dios supremo de la religión maya, Itzamná, podía manifestarse como serpiente emplumada; en el *Libro de Chilam Balam de Chumayel* le llaman Canhel, nombre que puede derivar de Ángel o de Arcángel, seres celestes también emplumados. En el mito contenido en este libro, los seres del inframundo subieron al cielo y le robaron *su* Ángel, por eso lo escriben como Angelili, con el sufijo de sustantivo poseído. Y cuando hablan de los ángeles cristianos, pluralizan en maya: *angelob,* los ángeles.

También hallamos en los *Libros de Chilam Balam,* varias palabras en latín, como *Dominus Vobiscum.* Y finalmente, hay frases incomprensibles que pueden ser una combinación de yucateco, español y latín corruptos. Por ejemplo, *Abiento bocayento de la zipil na fente note. Sustina gracia.* Aquí, sólo *zipil na,* "casa del pecado", es maya.

En los libros de la misma época escritos en quiché hay menos préstamos del español que en los libros yucatecos. Por ejemplo, en el *Título Yax,* hallamos que la palabra *Don* se añade a los nombres de personas: "Don Carlos Quinto, enperador de Alemania". Usan la palabra *Título* porque es un término legal para el cual no hay equivalente en quiché. Lo mismo ocurre con los nombres de jerarquías eclesiásticas, como "obispo don franco moroquin", que se refiere a Francisco Marroquín; ello expresa que particularmente la fonética no les fue fácil.

Hay en los libros quichés varios términos nahuas, como *Tulán* y *utlatecat,* que significa "de Utatlán". Y unión de palabras nahuas y mayas, como *nawal ajaw,* "señor mágico". A los españoles les llaman *castilan winak,* "hombres de Castilla", mientras que en los textos yucatecos se les denomina *dzules,* de *t'sul,* extranjero.

LAS LENGUAS INDÍGENAS
EN LOS TEXTOS EN ESPAÑOL

Y los textos que los mismos indígenas tradujeron al español
o que escribieron en esta lengua contienen innumerables
términos indígenas para los cuales no encontraron posibilidades de traducción, palabras no sólo de las lenguas mayas
sino también del náhuatl que los españoles habían adopta-
do en general para interpretar toda lengua indígena, e incluso se hallan términos de las islas del Caribe, como *maíz,
coa* y *canoa*.

Estos textos contienen muchas formas anómalas del español, lo cual se debe a que los indígenas empiezan a utili-
zar el nuevo idioma adaptándolo a su forma peculiar de
pensamiento y con la estructura de sus propias lenguas. En
varios de ellos se advierten, como en los textos que conocemos en lenguas indígenas, pautas formales de la oralidad
combinada con un texto escrito. Muchas veces se hacen traducciones literales que muestran las estructuras mentales
indígenas, como la frase: "Los monos muy ligeros sienten
su delito en su corazón".

El sustantivo poseído se aplicaba a todas las partes cor-
porales, que no conciben separadas del cuerpo de alguien, y
a todos los términos de relación familiar. Ésa es una forma
de ver el mundo que desdeña lo abstracto, como advierte R.
E. Longacre. Otro ejemplo es: "Allí fue donde ya no quiso
Cagcoh seguirle ni le testó ningún pedazo de tierra por más
que quisieron amamantarlo". *Amamantarlo* significa aquí
reverenciarlo, hacerle ofrendas. En otros contextos, es sacri-
ficarlo.

Citaré otros ejemplos del *Título de San Cristóbal Vera-*

paz (Cagcoh) versión indígena en español de un original perdido en lengua pokomchí, y del *Título de Sacapulas,* versión en español de un manuscrito quiché, que procede de la municipalidad de Sacapulas, Departamento de El Quiché (se encuentran ambos en el Archivo General del Gobierno de Guatemala). En estos dos documentos se hacen relaciones sobre el origen del grupo, que aluden al origen del ser humano narrado en los mitos cosmogónicos; se conservan, así, fragmentos de gran riqueza simbólica; y también se registra la historia de la comunidad para mostrar su legitimidad en la posesión de las tierras.

El *Título de San Cristóbal Verapaz (Cagcoh)* es uno de los textos legales menos conocidos y más originales, que revela un gran esfuerzo por expresarse en español. Lo firman los alcaldes, quienes asientan, acerca de su sometimiento a los conquistadores:

> No somos más que ocho barrios que nos hemos quedado que al principio de todo tuvimos al gusto de intitular esta ciudad. Ahora de tantos que fuimos no nos hemos quedado más que sólo ocho hombres, no habiendo más que sólo nosotros, hijos criollos y nacidos aquí… De la tierra salimos sin ninguna resistencia, y nos hicimos a la christiana, según la recomendación de los primeros hombres que son nuestros abuelos.

En estos textos se advierte un uso mucho menor de preposiciones y de artículos, como ocurre en las lenguas indígenas, así como las reiteraciones que caracterizan a los textos en dichas lenguas. Asimismo, algunas frases parecen reflejar estructuras de la lengua, que en español resultan anómalas:

Cuando nos dejaron fueron explicando que nadie se le tuviese entendimiento sobre el particular.

De allí sale hasta el Tablón de Piedra. De allí sale en Siquineb y de allí sale hasta el lugar llamado de los Tecolotes y de allí sale hasta la cueva. De allí sale hasta el llamado Nechecal…

Y en el *Título de San Pedro Necta* se asienta: "En cuatro días hicimos esta verdad de nuestra tierra aquí en este San Pedro Necta, aquí en este Cabildo, nosotros los hicimos en nuestra tierra de nosotros".

El *Título de San Cristóbal Verapaz (Cagcoh)* es también un buen ejemplo de la conservación de los nombres indígenas de los gobernantes traducidos directamente al español: "El grande Tilom se llamaba el primer hombre. Salió de la Tierra… tuvo un hijo llamado Tilón Colorado; [éste] tuvo un hijo llamado Pelo Colorado… De ahí tuvo por hijo a Cuero de Tigre… [éste] tuvo un hijo llamado Piedra".

Respecto del origen, dicen los pokomchís: "Cuando vino el primer hombre, es decir, el primer jefe de nuestra raza, salió al lugar llamado Agua Colorada… [En el Anonal] donde tuvieron su principio nacieron los de Cagcoh que se les nombraba".

El origen también se presenta como la salida de la oscuridad y se equipara con la conversión al cristianismo: "Cuando llegamos a tomar posesión [de esta tierra] era en medio de la noche para abajo, en una terrible obscuridad. Que así se dice que era la noche del trabajo antes fuésemos llenos de gracia siendo reconocido todavía por animal bárbaro".

Aquí advertimos la idea cristiana de recibir la gracia, adaptada a su mito cosmogónico. Asimismo, se refieren a la lengua española como "las palabras de Dios", lo cual es claro reflejo de la evangelización, que de cualquier modo hubieron de recibir.

En cuanto al *Título de Sacapulas,* se trata de una obra muy compleja por su estilo y los múltiples símbolos que se incluyen en el relato. Se inicia también con la narración del origen: "La venida de nuestro padre y abuelo fue como entre obscuro y claro por hallarse todavía sin la gracia de Dios".

El texto presenta luego una versión en la que se integra parte de la historia bíblica con el mito náhuatl del origen en siete cuevas. En el mismo fragmento se hace expresa una de las ideas más comunes entre los pueblos indígenas, sobre un *alter ego* animal que todo hombre posee. Usan el término náhuatl de "nagual". El *alter ego* de los chamanes o brujos era el más poderoso, y el chamán podía transformarse a voluntad en él. Aquí introducen un animal europeo que tal vez consideraron muy poderoso por estar asociado con el demonio cristiano. Cito el párrafo completo:

Que fue cuando vinieron los primeros pueblos que fueron siete y vinieron de la otra banda del mar y sus olas entre siete cuevas y siete barrancas nuestros primeros padres y habiendo venido vinieron a dar a la orilla del mar siendo veinte pueblos y trece contrarios sin conquistar y dijeron cuando salieron a la orilla del mar…

El más adelantado que llamaban Cosahueca [dijo] me hallo solo detenido en el agua… y se despidieron grandes rayos, relámpagos y centellas entonces se abrió el mar y pasaron todos y se dividió la mar cuando pasaron y vinieron a dar a un lugar de un llano grande. Aquí fue donde… el principal nuestro antiguo Canil, dándole a cada uno a tre-

ce pueblos sus lenguas En conjunto de ochenta ceibas que
tenía por encanto y ochenta lugares como a modo de casi-
llas, un cono de cabra nagual. Éste era el nagual de nuestro
padre que llaman Canil, nosotros los sacapultecos, que llaman hombre le decían cabro nagual eres de los toltecas…
Ahora pues por otra parte, y una cabra era nagual del Tolteca y éste era el que les cargaba en unión de Aguilucho
Frijoles Verdes, los primeros siete pueblos era lo que buscaban.

También advertimos que se integraron al español fórmulas rituales; por ejemplo: "Tomaron asiento" que significa "tomaron el poder", y "El principalato del más lucido
petate" que simboliza el más alto poder.

Los ejemplos que he destacado son prueba de la creación de unas modalidades del español en los textos de los
indígenas mayas a las que se trasladaron las características
que hallamos en el estilo de los libros escritos en lenguas
mayances durante la época colonial. Estos textos revelan el
gran esfuerzo de los indígenas mayas por pensar y expresarse en español, pues las formas de hablar son formas de pensar. Además, ese choque lingüístico e ideológico pervive
hasta nuestros días en el habla de las distintas etnias mayances, que conservan también una entonación y un ritmo pe-
culiares propios de las lenguas indígenas. Y la mayoría de
las etnias conserva, asimismo, tanto en su tradición oral
como en algunos nuevos textos que están escribiendo ahora, el trasfondo poético y simbólico de una concepción del
mundo y de la vida en la que los distintos seres del cosmos
constituyen un todo armónico.

X. VISIÓN MAYA DE LA CONQUISTA

Los MAYAS colonizados no sólo se afanaron por trasladar a un nuevo lenguaje escrito la historia registrada en las inscripciones y códices, así como la conservada en la tradición oral, sino que en sus nuevos libros también narraron la conquista española, dejando una constancia de la significación que para ellos tuvo someterse al dominio español.

La conquista de América es un hecho histórico tan complejo y multívoco, que son muchas las perspectivas desde las que puede ser enfocado. Además es necesario reconsiderar y reinterpretar ese hecho a la luz de nuestro ser histórico y nuestras posibilidades actuales de conocimiento, que obviamente son distintas a las de ayer.

Independientemente de la infinita conceptualización alrededor de la Conquista, cabe decir que, como una actitud predominante, los españoles llegaron a América y no pudieron verla sino en función de sí mismos; la consideraron suya de inmediato y la poseyeron física y espiritualmente, porque, con honrosas excepciones, no tomaron a sus habitantes como hombres sino como infrahombres, por ser diferentes, tanto física como culturalmente, por no tener las costumbres y creencias conocidas.

Los conquistadores no fueron capaces de ver a los hombres mesoamericanos como sujetos, sino como "objetos vivientes", según dice Tzvetan Todorov en su obra *La conquista de América.* El problema del otro, y así, las actitudes de atropello y explotación, que fueron las predominantes, se basaron en esa abyecta idea de que el que es diferente es inferior.

Y los mejores, aquellos que aceptaron a los indígenas como seres humanos y que incluso llegaron a admirar algunas de sus creaciones, se afanaron por "sacarlos del mal", es decir, por hacerlos semejantes a ellos: buenos cristianos, para que tuvieran derecho a ocupar un sitio en el mundo. Pero su propio sitio ya les había sido enajenado y para siempre.

En este capítulo me he propuesto destacar únicamente la respuesta a la Conquista, así como la conciencia de sí mismos ante ella, que tuvieron algunos hombres de varios grupos mayances.

En cuanto a lo que hicieron, pensaron y sintieron los despojados ante la ocupación española, podemos destacar que en el momento de la caída de Ta Itzá todos los demás sitios mayas habían sido ya colonizados, y un movimiento indígena de rechazo al dominio español, iniciado desde el siglo XVI, inmediatamente después de la Conquista, se había extendido a una gran parte del área maya. Ese movimiento indígena, que implica una intensa lucha por conservar algo de las tierras y bienes materiales, así como las creencias religiosas y las costumbres, incluye rebeliones armadas, suicidios, huidas en masa de los pueblos fundados por los españoles para facilitar la evangelización, y otras muchas formas de resistencia, que llevaron a cabo unos cuantos, pues según autorizados estudios, entre 1519 y 1620, de 22 millones de indígenas que había en Mesoamérica murieron aproximadamente 21 millones.

Pero ese movimiento de resistencia no era una lucha ciega contra la opresión, sino que se apoyaba en una clara conciencia en los dirigentes de la necesidad de salvaguardar su sitio en el mundo, su propia identidad, invalidada por los españoles. Esta conciencia se expresa fundamentalmente en la realización de las ceremonias clandestinas que mencioné anteriormente y que se llevaron a cabo durante los tres siglos de la dominación española.

La visión maya de la conquista española, expresada en sus libros coloniales, es diversa y a veces contradictoria. Las opiniones que presentan la Conquista como la peor desgracia sufrida por los indígenas aparece fundamentalmente en algunos textos sagrados, míticos y rituales, escritos para apoyar la contraevangelización; mientras que las menciones de la Conquista sin emitir valoración alguna o expresando agradecimiento por haber sido incorporados a la verdadera fe y al verdadero reino, se encuentran sobre todo en los textos escritos expresamente para las autoridades españolas, muchas veces a petición de éstas.

Entre los libros rituales hallamos los que relatan la gran batalla en la que los quichés fueron derrotados por los españoles; el enfrentamiento entre el caudillo Tecún Umán y Pedro de Alvarado, que culminó con la muerte del primero y que se llevó a cabo en el llano del Pinar el 12 de febrero de 1524. El *Título de Ixquín-Nehaib, señora del territorio de Otzoyá,* relata detalladamente el acontecimiento, pero el autor se limita a describir los hechos, sin asentar ningún juicio; sin embargo, tanto en esta obra como en el *Título del Ajpop Uitziltzil Tzunún,* la derrota de Tecún Umán se presenta con un gran dramatismo:

> … y luego el capitán Tecún —dice el *Título de Ixquín-Nehaib*— alzó el vuelo, que venía hecho águila, lleno de plumas que nacían… de sí mismo; no eran postizas. Traía alas que también nacían de su cuerpo.

Tres veces voló al cielo el chamán Tecún para luchar contra Alvarado; en la segunda logró arrancar la cabeza del caballo del conquistador, pero en la tercera, él mismo se clavó en la lanza de su enemigo, muriendo en seguida. El ejército quiché, al ver muerto a su jefe, se rindió.

La *Historia de los Xpantzay,* de Tecpán, texto cakchiquel, es un título escrito en 1554, cuando ya estaba todo perdido para ese pueblo y sólo quedaba protegerse del despojo de sus tierras. Por eso asientan:

Yo soy el Señor Cahí Imox, el Ahpototzil, yo que fui bautizado por la gracia de Dios con el nombre de don Pedro… Mucho nos regaló el Adelantado porque fuimos a recibirlo a Yuncut Calá. Nunca le tuvimos miedo y no sabíamos la lengua castellana ni la mexicana. Y esto fue el año 1524.

Otro texto histórico-legal digno de ser destacado por su visión de la Conquista es el *Título de San Cristóbal Verapaz (Cagcoh)* de los pokomchís, escrito también con la finalidad de no perder la herencia de los antepasados. Después de narrar su historia, desde la creación del hombre, como lo hace la mayoría, menciona la Conquista y la actitud de resistencia a la conversión, a pesar de las "dulces palabras del gran conquistador". Dice el texto:

En Cagcoh se hizo cuanto pudo y le respondieron los inocentes que no necesitaban nada; que ellos tenían su Dios; que no querían otro ni otra fe de Dios mas que la de ellos. Hasta unos dijeron que para qué servía Dios, y que para qué servían los padres; que si seguía en la conquista sería el padre recibido en la punta de los dientes, y lo haremos pedazos, y al mismo tiempo manifiesto mi valor.

Esta actitud les costó muy cara a los pokomchís, pues el resultado fue que:

Ahora de tantos que fuimos no nos hemos quedado más que ocho hombres, no habiendo más que sólo nosotros, hijos criollos y nacidos aquí [...] De la tierra salimos sin ninguna resistencia, y nos hicimos a la christiana, según la recomendación de los primeros hombres que son nuestros abuelos.

Más precavidos, los quichés de Totonicapán, en un pequeño documento llamado *Memoria de la Conquista* y *Título de Totonicapán,* expresan que los principales

... dieron sus presentes, oro y plata, con mucha humildad ante el señor capitán don Pedro de Alvarado, el conquistador, en presencia de todos los principales y soldados españoles por ser ya cristianos católicos por el señor capitán... que de él recibimos merced de habernos conquistado los de este pueblo de Extocac.

Y después revelan que la causa de su docilidad fue el miedo a Pedro de Alvarado.

De las tierras bajas contamos con el *Texto chontal* de los *Papeles de Paxbolon-Maldonado,* que son las probanzas de méritos y servicios, con versiones en chontal y en español, del cacique y gobernador de Tixchel Pablo Paxbolon y su yerno Francisco Maldonado.

El texto relata la famosa llegada de Cortés ante el rey Paxbolonacha, llevando consigo al emperador mexica Cuauhtémoc; cuando éste se encontró a solas con el rey chontal le dijo: "Señor rey, estos españoles vendrá tiempo que nos den mucho trabajo y nos hagan mucho mal y que matarán a nuestros pueblos. Yo soy de parecer que los matemos, que yo traigo mucha gente y vosotros sois muchos".

Pero Paxbolonacha no tuvo la visión ni la inteligencia de Cuauhtémoc: como los españoles sólo les habían pedido que los llevaran a Ulúa y no les habían hecho daño, denunció a Cuauhtémoc ante Cortés, quien lo prendió, lo bautizó y en seguida le cortó la cabeza, que fue clavada en una ceiba delante del templo indígena en el pueblo de Yaxzam.

Paxbolonacha sumisamente ayudó a Cortés y aceptó a los franciscanos que llegaron después a enseñar "el verdadero camino", como dice el mencionado texto; así los principales chontales entregaron sus imágenes de los dioses y delataron a los que no las querían ceder, quienes fueron aprisionados y azotados delante del pueblo. Sin embargo, en la región hubo levantamientos indígenas, como reacción a las deportaciones masivas con fines de facilitar la evangelización, y hubo grupos que continuaron fieles a su antigua religión y huyeron de los poblados. Los autores de la *Probanza* los llaman "cimarrones idólatras".

El señor maya yucateco Nakuk Ah Pech escribió un texto sobre su pueblo, la *Crónica de Chac-Xulub-Chen,* donde relata escuetamente la conquista de Yucatán, desde la primera llegada de los españoles a la zona maya, en 1511, después de un naufragio. Unos cuantos dzules (como llamaron los mayas a los españoles) arribaron nadando a Cozumel, y después, dice el texto, "terminaron por caminar todos por la tierra".

Y asienta Nakuk Ah Pech: "...no eran los hombres mayas, en su corazón, para entregar su tributo a los señores extranjeros recién llegados... Y he aquí que (recordando) las cosas que fueron pasadas, pongo, ay, fuerza en mi corazón".

De los principales libros sagrados quichés, el *Popol Vuh* y el *Rabinal Achí* significativamente no mencionan la conquista española. Ésta, por el contrario, es el tema de una obra dramática, baile-drama, que tal vez estuvo escrita desde el siglo XVI y que se ha conservado por tradición oral y se representó por lo menos durante los tres siglos de la ocupación española en distintos poblados. Una de las versiones es la titulada *Diálogo u "original" del baile de la Conquista*, cuyo texto ha pervivido en distintas copias y por tradición oral. Cito aquí la versión de un informante de San Pedro la Laguna y una versión uspanteca. Los personajes son 14 caciques aliados, cuyos ejércitos apoyan a Tecún Umán, siete hidalgos castellanos bajo la orden de Pedro de Alvarado y dos hijas del rey Quicab, a las que llaman Malinches porque una de ellas ofrece su ayuda a Alvarado. En la versión de San Miguel Uspantán, publicada por Gerardo Barreno Anleu en su trabajo "Estudio sobre el baile de la Conquista (versión uspanteca)", aparece también un brujo o chamán, Ajix, que tiene un importante papel.

En este baile-drama se integra la figura de Malinalli, Malintzin o Marina, la lengua, secretaria, faraute o intérprete y amante de Hernán Cortés, ya convertida en una figura mítica, la Malinche, nombre que se aplicará al propio Cortés, "el Capitán Malinche", por estar siempre con ella, y a todo aquel o aquella que se aliara a los españoles traicionando a su pueblo, como destaca Margo Glantz.

Los personajes centrales del *Diálogo u "original" del baile de la Conquista* son el rey Tecún Umán y Pedro de Alvarado, los principales protagonistas indígenas de la conquista quiché. La obra se inicia con un mensaje de Moctezuma al gobernante quiché avisándole que Pedro de Alvarado se dirigía al reino quiché para destruirlo: "Preparad ya la batalla

—le dice— si no queréis ser bautizado" (como sinónimo de destruido), y el rey quiché exclama "¡Valerme, Dios! ¡Valerme en tan triste situación, que oprimido el corazón no encuentra a dónde acogerse! Si Alvarado viene a verme, no quisiera mirarle; antes quisiera matarlo, porque no venga a ofenderme".

En el segundo acto se representa la llegada de los españoles y el famoso enfrentamiento entre Alvarado y Tecún Umán en el llano del Pinar. Al morir este gran caudillo, cuya actuación equivale a la de Cuauhtémoc en Tenochtitlan, los quichés se entregan y aceptan el dominio y la fe cristianos. Un cantar de las Malinches expresa:

Llanos del Pinal [Pinar], si sabéis sentir,
llorad tanta sangre de que vertís;
rojo está tu suelo; ay triste de ti,
los árboles verdes, ¿quién pudo sentir,
con tanta sangre humana de indio infeliz?
Oh si nuestro llanto mudara el matiz,
Ya Tecún fue muerto con lanza sutil,
Pues su corazón le pudo partir, don Pedro de Alvarado,
capitán feliz.

Y la versión uspanteca asienta:

¡Oh soverbio [sic] volcán, tecum de la montaña,
que no os humillen extranjeras armas,
vomitad el fuego que arde en tus entrañas
y abrasa a la gente que oprime tu falda.
Viva el rey quiché, que mueran los españoles
que nos dejen estar en paz, porque no creemos
en su fe.

Estos textos muestran, a nuestro parecer, que el "Baile de la Conquista" se representaba en las ceremonias prohibidas de la comunidad indígena y no que fue escrito por miembros de la orden de los predicadores, como afirma René García Mejía.

En el *Memorial de Sololá* de los cakchiqueles se relata la conquista española, incluida dentro de su propia cronología, la cual tiene como punto de referencia un acontecimiento de fundamental importancia para ellos: la revolución en la ciudad de Iximché; este hecho funciona como una especie de "fecha era", pues a partir de él se cuentan los años y se sitúan los acontecimientos posteriores. A partir de la mención a la Conquista, el texto va declinando; ya no se asientan acontecimientos destacados, como las hazañas épicas de los gobernantes prehispánicos, sino hechos sin importancia, como pleitos familiares. Esto es altamente expresivo de la pérdida del sentido de la vida que significó la Conquista para el pueblo cakchiquel, y de la pérdida del carácter sagrado que el libro tenía cuando se empezó a escribir. Además, en la última parte encontramos opiniones sobre el sometimiento español que nos hacen pensar que el libro fue utilizado, en una última etapa de su redacción, como título y probanza.

En esta obra cakchiquel, la conquista de la región se expresa de manera lacónica y fría, pero con un sustrato de amargura:

El día 5 Ah [16 de enero de 1524] se cumplieron 28 años [desde la revolución de Iximché].

El día 1 Ganel [20 de febrero de 1524] fueron destruidos los quichés por los castellanos. Su jefe, el llamado Tunatiuh Avilantaro [Pedro de Alvarado], conquistó todos los pueblos. Hasta entonces no eran conocidas sus caras. Hasta hacía poco se rendía culto a la madera y a la piedra. Pronto fueron sometidos los reyes a tormento por Tunatiuh el día 4 Qat [7 de marzo de 1524] los reyes Ahpop y Ahpop Qamahay fueron quemados por Tunatiuh. No tenía compasión por la gente el corazón de Tunatiuh durante la guerra.

Y sobre la entrada de los españoles a la ciudad cakchiquel de Yximché, el 12 de abril de 1524, los indígenas expresaron: "En verdad infundían miedo cuando llegaron. Sus caras eran extrañas. Los señores los tomaron por dioses. Nosotros mismos, vuestro padre, fuimos a verlos cuando entraron a Yximché".

El texto continúa relatando simplemente los hechos, entre los que está el ahorcamiento de todos los señores cakchiqueles, y asentando cuidadosamente las fechas, según el sistema indígena de ese momento en esa región, como si no se hubiera producido un cambio esencial. Narra también los levantamientos cakchiqueles ocurridos después de la entrada de Alvarado, uno de ellos incitado por un chamán, antecesor de los que han sobrevivido hasta hoy: un hombre-rayo, cuando ya los cakchiqueles se habían dado cuenta de que los invasores no eran dioses. Las guerras fueron cruentas, pero los cakchiqueles se resistieron. Dice el texto: "El día 1 Caok [27 de marzo de 1527] comenzó nuestra matanza por parte de los castellanos. Fueron combatidos por la gente y siguieron haciendo guerra prolongada. La muerte nos hirió nuevamente, pero ninguno de los pueblos pagó el tributo".

Es puesto el énfasis en la obsesión de Alvarado por obtener oro y en las batallas libradas. Se narra, además, la llegada de los frailes dominicos y el inicio de la evangelización. El autor de esta parte o es un cristiano convertido o usó el libro sagrado como probanza para conservar tierras y fueros, pues afirma: "Hasta entonces no conocíamos la palabra ni los mandamientos de Dios; habíamos vivido en las tinieblas. Nadie nos había predicado la palabra de Dios".

Y sin duda, la visión más dramática de la conquista española es la que se encuentra en los textos sagrados de los mayas yucatecos: los *Libros de Chilam Balam.*

En estos libros están patéticamente descritos el dolor y la resistencia ante la Conquista; se expresan desgarradores lamentos por la llegada de los conquistadores, una gran indignación por su actitud violenta y rapaz, y un profundo desprecio por su religión y por su enseñanza. Predominan los sentimientos de impotencia, humillación y despojo, así como el intento de salvaguardar la autoridad de sus dirigentes y sus creencias. Es muy claro que fueron escritos para ser leídos en las ceremonias clandestinas, formando parte de un intenso movimiento de defensa de la identidad y de oposición al dominio extranjero, que persistió varios siglos hasta que, a finales del xix, estalló en la Guerra de Castas.

Las significativas palabras de los sabios chamanes mayas, los Chilam Balamoob, no requieren interpretación del sentir esencial de ese pueblo; hablan por ellas mismas, y son el testimonio más sincero y verdadero de lo que sería el corazón de la visión maya de la Conquista.

Destacaré sólo dos pasajes: en el "Libro de los linajes" del *Chilam Balam de Chumayel* se relata la llegada de los españoles, llamados dzules por los mayas yucatecos; sobre ello se dice:

> Ésta es la memoria de las cosas que sucedieron y que hicieron. Ya todo pasó. Ellos hablan con sus propias palabras y

así acaso no todo se entienda de su significado; pero derechamente, tal como pasó todo, así está escrito.

Solamente por el tiempo loco, por los locos sacerdotes, fue que entró en nosotros la tristeza, que entró en nosotros el "Cristianismo". Porque los "muy cristianos" llegaron aquí con el verdadero Dios; pero ése fue el principio de la miseria nuestra, el principio del tributo, el principio de la "limosna", la causa de que saliera la discordia oculta, el principio de las peleas con armas de fuego, el principio de los atropellos, el principio de los despojos de todo, el principio de la esclavitud por las deudas… el principio del padecimiento. Fue el principio de la obra de los españoles y de los "padres".

¡Que porque eran niños pequeños los muchachos de los pueblos, y mientras se les martirizaba! ¡Infelices los pobrecitos… no protestaban contra el que a su sabor los esclavizaba, el Anticristo sobre la tierra, tigre de los pueblos, gato montés de los pueblos, chupador del pobre indio…!

Y al narrar la historia de esos itzáes que huyeron hacia el lago Petén Itzá en Guatemala y que habrían de ser sometidos por los españoles hasta 1697, el *Chilam Balam de Chumayel* asienta:

Y he aquí que se fueron. También sus discípulos fueron tras ellos en gran número y les daban sustento… No quisieron esperar a los dzules ni a su cristianismo. No quisieron pagar tributo. Los espíritus señores de los pájaros, los espíritus señores de las piedras preciosas, los espíritus señores de las piedras labradas, los espíritus señores de los jaguares, los guiaban y los protegían. ¡Mil seiscientos años y trescientos años más y habría de llegar el fin de su vida! Porque sabían en ellos mismos la medida de su tiempo.

Toda luna, todo año, todo día, todo viento, camina y pasa también. También toda sangre llega al lugar de su quietud, como llega a su poder y a su trono… Medido estaba el tiempo en que pudieron encontrar el bien del sol. Medido estaba el tiempo en que miraran sobre ellos la reja de las estrellas, de donde, velando por ellos, los contemplaban los dioses, los dioses que están aprisionados en las estrellas. Entonces era bueno todo y entonces fueron abatidos. Había en ellos sabiduría. No había entonces pecado. Había santa devoción en ellos. Saludables vivían. No había entonces enfermedad; no había dolor de huesos; no había fiebre… no había viruelas, no había ardor de pecho, no había dolor de vientre, no había consunción. Rectamente erguido iba su cuerpo entonces.

No fue así lo que hicieron los dzules cuando llegaron aquí. Ellos enseñaron el miedo; y vinieron a marchitar las flores. Para que su flor viviese, dañaron y sorbieron la flor de los otros…

No había ya buenos sacerdotes que nos enseñaran. Ése es el origen de la Silla del segundo tiempo… Y es también la causa de nuestra muerte. No teníamos buenos sacerdotes, no teníamos sabiduría, y al fin se perdió el valor y la vergüenza. Y todos fueron iguales.

No había Alto Conocimiento, no había Sagrado Lenguaje, no había Divina Enseñanza en los sustitutos de los dioses que llegaron aquí. ¡Castrar al Sol! Eso vinieron a hacer aquí los extranjeros. Y he aquí que quedaron los hijos de sus hijos, aquí en medio del pueblo, y ésos reciben su amargura.

BIBLIOGRAFÍA

Acuña, René, *Introducción al estudio del Rabinal Achí*, México: Universidad Nacional Autónoma de México, Centro de Estudios Mayas (Serie Cuadernos, 12), 1975.

Akkeren, Ruud van, *Place of the Lord's Daughter, Rab'inal, its History, its Dance-Drama*, Leiden, Países Bajos: Research School CNWS, School of Asian, African and Amerindian Studies, 2000.

Barreno Anleu, Gerardo, "Estudio sobre el baile de la conquista (versión uspanteca)", *Tradiciones de Guatemala*, vol. 13, Guatemala: Universidad de San Carlos de Guatemala, Centro de Estudios Folklóricos, 1980.

Barrera Vázquez, Alfredo, y Silvia Rendón, *El libro de los libros de Chilam Balam,* 4ª ed., México: Fondo de Cultura Económica (Col. Popular, 42), 1969.

Carmack, Robert M., *La formación del reino quiché*, Guatemala: Instituto de Antropología e Historia, Ministerio de Educación (publicación especial, 7), 1975.

―――, *Quichean Civilization. The Ethnohistoric, Ethnographic and Archaeological Sources*, Los Ángeles: University of California Press, 1973.

―――, *The Quiché Mayas of Utatlán. The Evolution of a Highland Guatemala Kingdom,* Norman: University of Oklahoma Press, 1981.

Cline, Howard F. (editor del volumen), *Guide to Ethnohistorical Sources*, parte cuatro, Robert Wauchope, editor general, *Handbook of Middle American Indians*, vol. 15, Austin: University of Texas Press, 1975.

Códice de Calkiní, trad. con proemio, Alfredo Barrera Vásquez, Gobierno del Estado de Campeche (Biblioteca Campechana, 4), 1957, reimpresión en De la Garza, 1980.

Códice de Calkiní, introducción, transcripción, traducción y notas de Tsubasa Okoshi Harada, México: Universidad Nacional Autónoma de México, Instituto de Investigaciones Filológicas, Centro de Estudios Mayas (Serie de Fuentes para el Estudio de la Cultura Maya, 19), 2008.

Códice Pérez, trad. Ermilo Solís Alcalá, Mérida: Imprenta Oriente, 1949.

Craveri Slaviero, Michela Elisa, *El arte verbal k'iche'. Las funciones poéticas de los textos rituales mayas contemporáneos*, México: Praxis, 2004.

————, *El Popol Vuh y su función poética. Análisis literario y estudio crítico del texto k'iche* (acompañado de una nueva traducción de la obra al español), tesis para obtener el grado de doctora en estudios mesoamericanos, México: Universidad Nacional Autónoma de México, 2007.

Crespo Morales, Mario, *Algunos títulos indígenas del Archivo General del Gobierno de Guatemala*, mecanuscrito, Guatemala: Universidad de San Carlos, Facultad de Humanidades, 1968.

Chilam Balam de Maní, en *Códice Pérez*, trad. de Ermilo Solís Alcalá, Mérida: Imprenta Oriente, 1949.

De la Garza, Mercedes, *La conciencia histórica de los antiguos mayas,* presentación de Alberto Ruz Lhuillier, México: Universidad Nacional Autónoma de México, Centro de Estudios Mayas (Serie Cuadernos, 11), 1975.

De la Garza, Mercedes, *El hombre en el pensamiento religioso náhuatl y maya,* prólogo de Miguel León-Portilla, México: Universidad Nacional Autónoma de México, Centro de Estudios Mayas (Serie Cuadernos, 14), 1978.

————, *Literatura maya,* prólogo, selección y notas, Caracas, Venezuela: Biblioteca Ayacucho, 57, 1980.

————, "Los mayas. Antiguas y nuevas palabras sobre el origen", *Mitos cosmogónicos del México indígena,* México: Instituto Nacional de Antropología e Historia (Colección Biblioteca del INAH), 1987.

————, "Introducción", *Los mayas. Su tiempo antiguo,* Gerardo Bustos y Ana Luisa Izquierdo (eds.), México: Universidad Nacional Autónoma de México, Centro de Estudios Mayas, 1996.

————, *Rostros de lo sagrado en el mundo maya,* México, Buenos Aires, Barcelona: Paidós/Universidad Nacional Autónoma de México (Biblioteca Iberoamericana de Ensayo, 4), 1998.

————, "El *ethos* del sabio maya en el *Popol Vuh*", *El ethos del filósofo,* Juliana González V. y Lizbeth Sagols S. (coords.), México: Universidad Nacional Autónoma de México, Facultad de Filosofía y Letras, Seminario de Metafísica, 2002.

Diálogo u "original" del baile de la Conquista, Guatemala indígena, vol. I, núm. 2, Guatemala: Editorial del Ministerio de Educación Pública José de Pineda Ibarra, 1961.

Diccionario Maya Cordemex, Alfredo Barrera Vásquez, *et al.,* Mérida: Cordemex, 1980.

Edmonson, Munro S., *The Ancient Future of the Itza, The Book of Chilam Balam of Tizimin,* traducido y anotado, Austin: University of Texas Press, 1982.

El ritual de los Bacabes, edición facsimilar con transcripción

rítmica, traducción, notas, índice, glosario y cómputos
estadísticos por Ramón Arzápalo Marín, México: Universidad Nacional Autónoma de México, Instituto de
Investigaciones Filológicas, Centro de Estudios Mayas
(serie Fuentes para el Estudio de la Cultura Maya, 5),
1987.

"El Título de Pedro Velasco", *El Título de Yax y otros docu-
mentos quichés de Totonicapán, Guatemala*, edición fac-
similar, transcripción, traducción y notas de Robert M.
Carmack y James L. Mondloch, México: Universidad
Nacional Autónoma de México (serie Fuentes para el
Estudio de la Cultura Maya, 8), 1989.

*El Título de Yax y otros documentos quichés de Totonicapán,
Guatemala*, edición facsimilar, transcripción, traducción
y notas de Robert M. Carmack y James L. Mondloch,
México: Universidad Nacional Autónoma de México (serie Fuentes para el Estudio de la Cultura Maya, 8), 1989.

Freidel, David, y Linda Schele, *Maya Cosmos, Three Thou-
sand Years on the Shaman's Path*, Nueva York: William
Morrow and Company, 1993.

Fuentes y Guzmán, Antonio de, *Recordación florida. Dis-
curso historial y demostración natural, material, militar y
política del Reyno de Guatemala,* 3 vols., Guatemala:
Biblioteca "Goathemala" de la Sociedad de Geografía e
Historia, vols. VI-VIII, 1932.

García Mejía, René, "Raíces del teatro guatemalteco", en
G. Barreno Anleu, *Tradiciones de Guatemala*, vol. 13,
Guatemala: Universidad de San Carlos de Guatemala,
Centro de Estudios Folklóricos, 1980.

Gerhard, Peter, *A Guide to Historical Geography of New Spain*,
Cambridge, Mass.: Universidad de Cambridge, 1972.

Gibson, Charles, y John B. Glass, "A Census of Middle

American Prose Manuscripts in the Native Historical Tradition", en *Guide to Ethnohistorical Sources,* parte cuatro, Howard D. Cline (ed.), Austin: University of Texas Press (Handbook of Middle American Indians, núm. 15), 1975.

Glantz, Margo, "La Malinche: la lengua en la mano", en *La Malinche, sus padres y sus hijos*, Margo Glantz (coord.), México: Taurus, 2001.

Houston, Stephen, y David Stuart, "Of Gods, Glyphs and Kings: Divinity and Rulership among the Classic Maya", *Antiquity*, vol. 70 (4), núm. 268, pp. 289-312, junio de 1996.

Izquierdo y De la Cueva, Ana Luisa, "Introducción. La identidad maya", *Los mayas. Voces de piedra*, pp. 17-35, Alejandra Martínez de Velasco y María Elena Vega (coords.), México: Ámbar Diseño, 2011.

Lacadena, Alfonso, "Apuntes para un estudio sobre literatura maya antigua", Antje Guseinheimer, Tsubasa Okoshi Harada y John F. Chuchiak (eds.), *Texto y contexto: perspectivas intraculturales en el análisis de la literatura maya yucateca*, Bonn: BAS (Estudios Americanistas de la Universidad de Bonn), en prensa.

Landa, Fray Diego de, *Relación de las cosas de Yucatán,* 9ª ed., introd. de Ángel María Garibay, México: Porrúa (Biblioteca Porrúa, 13), 1966.

Las historias de los Xpantzay, en *Crónicas indígenas de Guatemala,* introd. de Adrián Recinos, Editorial Universitaria, Guatemala, 1957, reimpresión en De la Garza, 1980.

Libro de Chilam Balam de Chumayel, trad. de Antonio Mediz Bolio, pról., introd. y notas de Mercedes de la Garza, México: Secretaría de Educación Pública (Serie "Cien de México"), 1985.

Libro de Chilam Balam de Chumayel, traducción al español y prólogo de Antonio Mediz Bolio, reimpresión corregida por el traductor, Universidad Nacional Autónoma de México, Biblioteca del Estudiante Universitario, núm. 21, 1941, reimpresión en De la Garza, 1980.

Longrace, Robert E., "Algunas características gramático-léxicas del trique: ¿una manera de ver el mundo?", *Relativismo cultural y filosofía, perspectivas norteamericana y latinoamericana,* Marcelo Dascal (comp.), México: Universidad Nacional Autónoma de México, Instituto de Investigaciones Filosóficas (Colección Filosofía Contemporánea), 1992.

Lope Blanch, Juan M., *Estudios sobre el español de Yucatán,* México: Universidad Nacional Autónoma de México, Instituto de Investigaciones Filológicas (Publicaciones del Centro de Lingüística Hispánica, 24), 1987.

López Cogolludo, fray Diego., *Historia de Yucatán,* 3ª ed., 2 vols., Mérida, México: Imprenta de Manuel Aldana Rivas, 1867.

Manuscritos de Tekax y Nah, reproducción, transcripción y traducción, Grupo Dzibil, México, 1981.

Martin, Simon, y Nicolai Grube, *Crónica de los reyes y reinas mayas. La primera historia de las dinastías mayas,* trad. de Lorenzo Ochoa Salas y Fernando Borderas Tordecillas, México: Planeta, 2002.

Maxwell, Judith M., y Robert M. Hill II. *Kaqchikel Chronicles, the Definitive Edition,* traducción y exégisis, Austin: University of Texas Press, 2006.

Mc Quown, Norman, *The Classification of the Mayan Languages,* Indiana: *International Journal of American Linguistics,* vol. XXII, núm. 3, 1956.

————, "Los orígenes y la diferenciación de los mayas,

según se infiere del estudio comparativo de las lenguas mayanas", en *Desarrollo cultural de los mayas,* Evon Z. Vogt y Alberto Ruz Lhuillier (eds.), México: Universidad Nacional Autónoma de México, Centro de Estudios Mayas, 1971.

Memorial de Sololá. Anales de los cakchiqueles, traducción al español, introducción y notas de Adrián Recinos: Fondo de Cultura Económica, Biblioteca Americana, México, en 1950, reimpresión en De la Garza, 1980.

Okoshi Harada, Tsubasa, y Sergio Quezada, "Vivir con fronteras: espacios mayas peninsulares del siglo XVI", México: Instituto Nacional de Antropología e Historia, en prensa.

Papeles de los Xiú de Yaxá, Yucatán, Sergio Quezada y Tsubasa Okoshi Harada (eds.), México: Universidad Nacional Autónoma de México, Instituto de Investigaciones Filológicas, Centro de Estudios Mayas (Serie Fuentes para el Estudio de la Cultura Maya, 15), 2001.

Pech, Nakuk Ah, *Crónica de Chac-Xulub-Chen,* en *Crónicas de la Conquista,* México: Universidad Nacional Autónoma de México (Biblioteca del Estudiante Universitario, 2), 1950.

Pérez Suárez, Tomás, "Los idiomas: historia y diversidad", *Los mayas. Voces de piedra,* pp. 17-35, Alejandra Martínez de Velasco y María Elena Vega (coords.), México: Ámbar Diseño, 2011.

Popol Vuh, Las antiguas historias del Quiché, traducción al español, introducción y notas, Adrián Recinos, Colección Popular del Fondo de Cultura Económica, México, 1960, reimpresión en De la Garza, 1980.

Rabinal Achí, traducción del maya yucateco al español, con introducción y notas de Alfredo Barrera Vásquez, México: Instituto Nacional de Antropología e Historia, 1965, reimpresión en De la Garza, 1980.

Recetarios de indios en lengua maya, edición preparada por Raquel Birman Furman, México: Universidad Nacional Autónoma de México, Centro de Estudios Mayas (Serie Fuentes para el Estudio de la Cultura Maya, 13), 1996.

Recinos, Adrián, *Crónicas indígenas de Guatemala*, Guatemala: Editorial Universitaria, 1957.

Relaciones histórico-geográficas de la Gobernación de Yucatán. 2 vols., Mercedes de la Garza *et al.* (ed.), México: Universidad Nacional Autónoma de México, Instituto de Investigaciones Filológicas, Centro de Estudios Mayas (Serie Fuentes para el Estudio de la Cultura Maya, 1), 1983.

Ritual of the Bacabs, A book of Maya Incantations, traducción y edición de Ralph L. Roys, Norman: University of Oklahoma Press (The Civilization of the American Indian Series), 1965.

Roys, Ralph L., *The Indian Background of Colonial Yucatán,* Washington: Carnegie Institution of Washington, 1943.

Scholes, France V., y Ralph L. Roys, *The Maya Chontal Indians of Acalán-Tixchel,* Norman University of Oklahoma Press (The Civilization of the American Indian Series), 1968.

———, y Eleanor B. Adams, *Don Diego Quijada, Alcalde Mayor de Yucatán*, 2 vols., México: Antigua Librería Robredo de José Porrúa e Hijos (Biblioteca Histórica Mexicana de Obras Inéditas, 14 y 15), 1938.

Tedlock, Denis, *Popol Vuh, The Definitive Edition of the Mayan Book of the Dawn of Life and the Glories of Gods and Kings*, traducción y comentarios basados en el conocimiento antiguo del maya quiché moderno, Nueva York: A Touchstone Book, Published by Simon and Schuster, Inc., 1985.

———, *Popol Vuh, el libro maya del albor de la vida y las*

glorias de dioses y reyes, trad. al español, México: Diana, 1993.

"Título Cagcoh, de los señores de San Cristóbal Verapaz", en Mario Crespo Morales, *Algunos títulos indígenas del Archivo General del Gobierno de Guatemala*, mecanuscrito, Guatemala: Universidad de San Carlos, Facultad de Humanidades, 1968.

Título de Alotenango, introducción, epílogo y notas por Francis Polo Sifontes, Guatemala: Editorial José Pineda Ibarra, 1979.

"Título de Otzoyá", en Mario Crespo Morales, *Algunos títulos indígenas del Archivo General del Gobierno de Guatemala*, mecanuscrito, Guatemala: Universidad de San Carlos, Facultad de Humanidades, 1968.

"Título de Sacapulas", en Mario Crespo Morales, *Algunos títulos indígenas del Archivo General del Gobierno de Guatemala*, mecanuscrito, Guatemala: Universidad de San Carlos, Facultad de Humanidades, 1968.

Título de Totonicapán, traducción de Robert M. Carmack y James M. Mondlock, con introducción y notas de Robert M. Carmack, Centro de Estudios Mayas, Instituto de Investigaciones Filológicas, Universidad Nacional Autónoma de México (Serie Fuentes para el Estudio de la Cultura Maya, 3), 1983.

Título del Ahpop Huitzitzil Tzunún, Guatemala: Centro Editorial José Pineda Ibarra, Ministerio de Educación Pública, 1963.

Thompson, Eric J., *Grandeza y decadencia de los mayas*, 3ª ed., México: Fondo de Cultura Económica, 1984.

Torquemada, Fray Juan de. *Monarquía indiana,* 4ª ed., 3 vols., introd. de Miguel León-Portilla, México: Porrúa (Biblioteca Porrúa, 41-43), 1969.

Tozzer, Alfred M., *A Maya Grammar*, Papers of the Peabody Museum of American Archaeology and Ethnology, Cambridge, Massachusetts: Harvard University, vol. IX, 1921.

Todorov, Tzvetan, *La conquista de América. El problema del otro*, México: Siglo XXI Editores, 1987.

Vos, Jan de, *La paz de Dios y el Rey. La conquista de la selva lacandona*, México: Gobierno del Estado de Chiapas (Ceiba, 10), 1980.

Ximénez, fray Francisco, *Historia de la provincia de San Vicente de Chiapa y Guatemala*, 3 vols., Guatemala: Biblioteca "Goathemala" de la Sociedad de Geografía e Historia, vols. I-III, 1929.

El legado escrito de los mayas, de Mercedes de la Garza,
se terminó de imprimir y encuadernar
en el mes de junio de 2012 en Impresora
y Encuadernadora Progreso, S. A. de C. V. (IEPSA),
Calzada San Lorenzo, 224; 09830 México, D. F.
El tiraje consta de 3 000 ejemplares.